야곱, 항복하다

세움북스는 기독교 가치관으로 교회와 성도를 건강하게 세우는 바른 책을 만들어 갑니다.

야곱, 항복하다

초판 1쇄 인쇄 2025년 10월 25일
초판 1쇄 발행 2025년 10월 30일

지은이 I 최수림
펴낸이 I 강인구
펴낸곳 I 세움북스

등 록 I 제2014-000144호
주 소 I 서울시 종로구 대학로 19 한국기독교회관 1010호
전 화 I 02-3144-3500
이메일 I holy-77@daum.net

디자인 I 참디자인

ISBN 979-11-93996-61-4 (03230)

믿음의 조상 시리즈

2

야곱, 항복하다

최수림

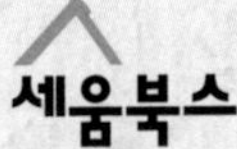
세움북스

야곱의 이야기를 읽을 때마다 마음이 참 따뜻하면서도 아픕니다.

그의 인생이 우리네 인생과 닮아 있기 때문입니다.

속이고, 도망치고, 속임을 당하고, 두려워 떠는 야곱에게서 나 자신을 봅니다.

성경은 야곱을 미화하지 않습니다.

그의 거짓과 두려움, 얄팍한 계산까지도 그대로 드러냅니다.

바로 그 연약한 사람을 하나님은 택하셨습니다.

오랜 시간 하나님은 그를 다루셨습니다. 새롭게 빚으셨습니다.

야곱은 마침내 이스라엘이 되었습니다.

그는 마침내 하나님께 항복하였습니다.

신앙생활은 바로 이런 것 아닐까요?

나를 택하시고 붙드시고 빚어가시는 과정.

강한 자아를 깨뜨리고 하나님께 엎드리는 항복의 과정.

그 이야기를 나누고 싶었습니다.

포기하지 말자고,

절망하지 말자고,

야곱도 그랬다고, 누구나 그렇다고,

신앙생활이 원래 그런 것이라고 말하고 싶었습니다.

이 설교집이 야곱같은 자신을 보며 힘겨워하는 분들에게 하나의 위로와 용기가 되기를 소망합니다.

항상 부족한 설교를 들어 주시는 성은교회 성도님들과 칼빈대학교 학생들께 감사를 드리고, 추천사를 써 주신 선후배 동료들과 지도를 그려준 방경섭형제, 꼼꼼히 교정해 준 홍정서자매, 그리고 이 책이 나오기까지 수고해 주신 김균필 목사님과 세움북스 출판사 직원 여러분들께도 감사의 말씀을 드립니다.

2025년 10월

최수림

〈나그네 인생을 사는 사람들에게〉

당신의 인생이 나그네로 산다고 생각하는 사람은 이 책을 읽어야 할 필요가 있습니다.

당신의 인생이 가정과 세상에서 버려진 인생이라고 생각이 드는 사람도 이 책을 꼭 읽어야 할 사람입니다.

당신의 인생이 험한 인생을 살고 있다면 이 책을 꼭 읽으라고 권면해 봅니다. 야곱이 바로 앞에서 이렇게 대답합니다.

"내 나그네 길의 세월이 백 삼십년이니다 …. 짧지만 험악한 세월을 보내었나이다."(창세기 47:9)

나는 저자가 어떤 사람인지 그가 살아온 삶도 너무나 잘 알고 있습니다. 자신 스스로 험한 나그네의 인생으로 살아왔다고 고백한 야곱의 인생에 대한 말씀에 자신의 삶을 깊이 조명하고 묵상한 삶의 이야기가 이 책에 담겨 있습니다. 그리고 그 삶 속에서 만난 하나님의 사랑, 하나님의 계획, 하나님의 신실함에 대해서 당신도 경험하길 원하신다면 이 책을 강력히 추천해 봅니다.

김교문_ 하와이 코나 열방대학 미션투게더 책임자

◆

최근 최수림 목사님의 설교를 직접 들을 기회가 있었습니다. 설교 시간 동안 특히 마음에 남았던 점은, 본문 속에 녹아 있는 하나님 아버지의 마음을 야곱의 이야기로 풀어내며 성도들에게 전하시는 깊은 통찰이었습니다. 또한 PPT를 활용하여 성경의 시대적 배경과 상황을 생생하게 설명하시는 모습은, 듣는 이로 하여금 마치 그 시대를 함께 살아가는 듯한 몰입감을 주었습니다.

이후 추천사를 부탁받으며, 저는 최수림 목사님의 야곱 설교집 전체를 읽는 특별한 기회를 갖게 되었습니다. 첫 설교 제목인 *"뭣이 중헌디?"*는 우리의 일상 언어로 다가오는 친근한 표현이면서도, 본질을 향한 깊은 신앙적 질문을 담고 있었습니다.

야곱의 삶은 끝없는 경쟁과 속임수, 집착의 연속이었지만, 결국 그는 하나님 앞에 완전히 항복할 때 비로소 진정한 복을 누리는 사람이 되었습니다. 저 역시 그 메시지를 통해 오늘을 사는 한 사람으로서 깊은 도전과 은혜를

받았습니다.

이 설교집을 통해 오늘을 살아가는 모든 그리스도인들이 야곱이 만난 하나님을 자신의 삶 속에서 새롭게 조명하며, 단지 이름만 '야곱'에서 '이스라엘'로 바뀌는 것이 아니라 삶이 변화되는 역사를 경험하게 되기를 소망합니다. 저는 이 책이 그 놀라운 변화의 통로가 될 것을 확신하며 기쁨으로 추천합니다.

이동선_ 탄자니아 선교사

◆

사랑하는 동역자이자 후학들을 아끼는 스승인 최수림 교수님의 설교집이 출간되었다는 소식을 기쁘게 전합니다. 말씀 속에서 오랜 목회의 현장 경험과 신학적 통찰이 어우러져, 읽는 이들에게 복음의 진리를 불붙는 논리로 전해 줄 것입니다.

교회의 성도들에게는 믿음을 북돋우고 삶을 이끄는 등불이 될 것이며, 신학교 학생들에게는 설교자의 길에서 큰 힘과 배움의 자산이 될 것이라 확신합니다.

저자가 보여 주는 설교는 단순한 지식의 전달이 아니라, 말씀을 살아내고

자 애써 온 목회자의 고백이며 또한 후학들에게 들려주는 따뜻한 격려이기도 합니다.

목회의 길을 먼저 걸어온 선배로서, 저는 이 책이 많은 이들의 가슴에 은혜와 소망을 심어 주리라 믿습니다. 기쁜 마음으로 한국 교회와 신학교의 모든 이들에게 이 귀한 책을 권합니다.

황건영_ 칼빈대학교 총장

◆

필자는 저자와 함께 동고동락하며 박사학위를 공부한 사이라서 이토록 소중한 책이 출판되어서 진심으로 축하드립니다.

본서는 성경을 해석할 때 단순히 지식을 나열하는 데 그치지 않고, 본문 속에 담긴 살아 있는 하나님의 메시지를 오늘 우리의 삶에 깊이 적용해 내고 있습니다. 특히 『야곱, 항복하다』는 야곱의 이야기를 따라가면서, 인간의 치열한 갈등과 실패, 그리고 결국 하나님의 은혜 앞에 무릎 꿇는 항복의 순간을 생생하게 보여 줍니다.

본서는 성경 본문을 정밀하게 풀어내는 동시에, 독자들이 삶 속에서 즉시 적용할 수 있도록 현실적인 예화와 도전을 담아냈습니다. 저자에게 공부할 때나 사역할 때, 일관되게 흐르는 것은 하나님의 말씀을 삶의 자리에서 살아내려는 진지한 태도였습니다.

특히 이 책은 목회자들, 선교사들, 설교자들 뿐 아니라 현장에서 복음을 전하는 일꾼들에게도 큰 유익이 될 것이라 확신합니다. 사역의 현장에서 부딪히는 현실은 언제나 인간적인 지혜와 힘으로는 감당할 수 없는 벽 앞에 서게 만듭니다. 그러나 야곱처럼 씨름 끝에 '항복'할 때, 그 자리에서 비로소 하나님의 새로운 역사가 시작됨을 이 책은 힘 있게 일깨워 줍니다.

인간의 끝이 하나님의 시작입니다. 이 책을 읽는 모든 분들이 야곱처럼 자기 힘을 내려놓고, 하나님께 항복함으로써 참된 자유와 승리를 경험하기를 소망합니다.

유해석_ 총신대학교 선교대학원 교수

◆

평소에 존경심으로 교제하던 최수림 목사님께서 설교집을 내셨다는 소식을 듣고 몹시 반가웠습니다. 그의 탁월한 설교를 동료 후배들이 누구나 읽을 수 있게 되었다는 점 때문입니다.

설교집이라기 보다는 믿음의 조상들을 주인공으로 엮어낸 소설과도 같이 제목에서부터 재미있고, 생생한 현장 묘사와 신선한 가르침으로 가득 차 있었으며, 음성으로 듣는 설교보다 힘이 더 넘쳤습니다.

최수림목사님의 설교집 『야곱, 항복하다』를 행복한 마음으로 적극 추천합니다.

임덕순_ 한가람교회 원로목사

◆

좌충우돌, 파란만장, 인간적인 면모를 가득 담고 있는 야곱의 이야기를 저는 참 좋아합니다. 나와는 차원이 다른 범접할 수 없는 위대한 사람의 이야기가 아닌, 한없이 연약하며 인간적인 욕심으로부터도 자유롭지 못한, 우리 주위에서 쉽게 만날 수 있는 평범한 사람의 이야기, 나의 이야기로 다가오는 까닭입니다. 무엇보다, 그런 야곱을 신실하게 인도해 주시고, 믿음의 사람으로 빚어내신 아버지의 넓은 품과 사랑을 만날 수 있는 이야기이기 때문입니다. 야곱의 이야기는, 그 어떤 위대한 사람들의 삶의 이야기보다 더 하나님이 어떤 분이신지를 잘 보여준다고 저는 생각합니다.

최수림 목사님은, 그런 야곱의 이야기를 재치있고 감동적으로 그려 냈습니다. 재치와 인사이트로 가득한 제목과 소제목들, 쉽게 와 닿는 목사님의 설명과 깊이 있는 묵상은, 이 책을 단숨에 읽어 가게 만들 것입니다. 또한, 야곱의 삶이 우리에게 주는 교훈들을 우리 삶에 적용할 수 있도록 도와줄 것입니다.

최 목사님은 신실한 목자이며, 선한 사람입니다. 때문에, 목사님과의 교제는 언제나 즐겁고 기대가 됩니다. 목사님의 성품과 묵상을 담은 이 책을 추천할 수 있어 기쁩니다.

김건우_ 좋은씨앗교회 담임목사

◆

처음『야곱, 항복하다』를 펼쳤을 때, 저는 단순히 한 사람 야곱의 이야기가 펼쳐질 것이라고 여겼습니다. 하지만 읽을수록 그의 삶 속에 아브라함과 이삭의 흔적이 겹쳐지고, 그 모든 이야기에서 약속하신 말씀을 성취하시는 신실하신 하나님을 만나는 은혜를 보게 되었습니다.

복음이 전해진 지 여러 세대가 지난 한국에는, 할아버지에서 아버지 그리고 자녀로 이어지는 3대 신앙 가정이 적지 않습니다. 그러나 동시에 믿음의 아름다운 유산이 손주 세대까지 온전히 전해지는 경우는 많지 않은 것도 사실입니다.

이 책은 신앙의 유산을 이어가는 주체가 결국 하나님 자신이심을 보여주는 한편, 우리가 그분의 은혜와 복을 구하며 울고, 매달리고, 붙잡아야 하는 이유를 깊이 묵상하게 합니다.

저자의 경험과 동일하게 "야곱"과 그의 새 이름 "이스라엘"사이를 오가는 듯한 제 삶 속에서도, 포기하지 않으시고 사랑으로 이끄시는 하나님의 열정과 자비가 새겨진 시간과 장소들이 떠올랐습니다.

책을 덮으며 저도 이렇게 고백하게 되었습니다.
"주님, 제 항복을 받아주신 그 사랑이 제 생애 가장 큰 은혜가 되었습니다."

조완순_ 헤브론원형학교 교장

목차

뭣이 중헌디! • 창 25:19-34

"야곱이 떡과 팥죽을 에서에게 주매 에서가 먹으며 마시고 일어나 갔으니
에서가 장자의 명분을 가볍게 여김이었더라"(창 25:34)

쌍둥이가 태어나다

이삭은 40세에 리브가와 결혼했습니다. 저 멀리 밧단아람에서부터 찾아와 준 선물 같은 아내였습니다. 하지만 안타깝게도 이 부부는 아버지, 어머니였던 아브라함과 사라의 젊은 날처럼 아이가 없었습니다. 이삭은 이 일을 위해 기도했습니다. 하나님이 그의 간구를 들으시고 아이를 주셨습니다. 이때 이삭은 60세였습니다. 40세에 결혼해서 60세에 아기를 낳았으니 20년 동안 긴 기도의 시간, 인내의 시간을 보냈던 것입니다.

사실 20년의 장기 불임을 견딘다는 것은 쉽지 않은 일입니다. '잉태하지 못하다'는 뜻의 히브리어 아카라(עֲקָרָה)는 성경에서 '뿌리를 뽑다'(전 3:2), '황폐하다'(습 2:4), '힘줄을 끊다'(창 49:6)로 번역되고 있습니다. 마치 뿌리뽑힌 나무처럼 아무런 결실도 못 하는 상태를 가리키는 말입니다. 이

에 이삭은 여호와께 간구하였습니다. '간구하다(עתר 예타르)는 다른 곳에서 어떤 심각한 병을 고쳐 달라는 요구를 말하며, 출애굽기에서 모세가 하나님께 역병을 없애 달라고 간구할 때 쓰였습니다. 이삭이 강력하게 간구하였다는 것입니다. 하나님은 하늘의 별과 같은 자손을 약속하셨습니다. 아버지 아브라함은 매우 어렵게 아들 하나를 낳았습니다. 그 아들이 이삭 자신입니다. 그런데 이삭 자신이 아이를 낳지 못하는 것입니다. 하나님의 약속이 내 대에 끊어지게 생겼습니다. 이삭은 강력하고 끈질긴 기도를 하였습니다.

이 점에서 이삭은 아브라함보다 낫습니다. 아브라함은 75세에 약속을 받았지만 10년을 기다렸다가 85세에 대리모를 들였습니다. 그러나 이삭은 끝까지 기다립니다. 형 이스마엘과의 비극적인 기억 때문이었을까요? 하나님의 약속을 온전히 신뢰했던 것일까요? 이삭은 두 번째 아내를 얻거나 대리모를 취하는 대신 기다림과 기도로 아이를 얻습니다.

마침내 하나님께서 그 간구를 들으시고 아이를 주셨습니다. 리브가가 잉태하였습니다. 기도를 너무 강하게 했던 것일까요? 쌍둥이를 잉태했습니다. 기쁨도 잠시, 리브가는 배가 너무나 아팠습니다. 아이들이 뱃속에서 서로 싸우는 것이었습니다. 앞으로도 이 형제는 계속해서 싸우는데, 그 첫 번째 전쟁터는 바로 어머니의 뱃속이었습니다. 의술이 오늘날처럼 발달하지 않았던 고대사회에서 산모의 배가 아픈 것은 위험하고 두려운 일이었습니다. 리브가는 하나님께 물었습니다. 돌아온 대답은 매우 예언적인 것이었습니다.

> 두 국민이 네 태중에 있구나
>
> 두 민족이 네 복중에서부터 나누이리라
>
> 이 족속이 저 족속보다 강하겠고
>
> 큰 자가 어린 자를 섬기리라 (창 25:23)

아브라함과 사라는 열국이 그들에게서 날 것이라는 약속을 받았는데, 그 약속이 점차 구체화되며 실현되어 가고 있는 것입니다. 두 국민, 두 민족, 두 족속에 관한 신탁을 받습니다. 두 아기가 각각 민족으로 불리고 있으며, 큰 자가 어린 자를 섬길 것입니다. 이 말씀은 야곱이 에서를 이기며, 이스라엘이 애돔을 정복하는 것으로 성취됩니다.

사실 "큰 자가 어린 자를 섬기리라"는 말씀이 이삭에게는 생소하지 않았을 것입니다. 이미 형 이스마엘과의 관계에서 경험한 바가 있습니다. 그리고 앞으로도 계속해서 경험되어질 것입니다. 에서와 야곱, 형들과 요셉, 형들과 다윗 - 다윗도 말째였습니다. 형들과 솔로몬 - 솔로몬도 열 번째 아들이었습니다.

이 작은 자가 비단 출생 순서만은 아닐 것입니다. 주님은 "나중 된 자로서 먼저 될 자가 많다"(마 19:30)고 하셨습니다. 힘이 작은 자, 나중 된 자, 연약한 자, 부족한 자도 작은 자입니다. 그러나 여러분이 비록 작은 자라고 생각될지라도 실망하지 마십시오. 주님이 붙잡으시면 큰 자를 이깁니다. 큰 자를 다스립니다. 작다고 한탄하지 말고 주님께 구하십시오. "주님, 나를 붙잡아 주옵소서. 나를 써 주옵소서. 평생 '작은 자 영성'을 놓치지 않겠습니다. 평생 작은 자로 살겠습니다. 오직 주님만을 의지하는 작은 자로 살겠습니다. 주님이 작은 자들을 외면하지 않으실 줄 믿습니다."

달라도 너무 달라

때가 되어서 해산했는데, 진짜 쌍둥이가 나왔습니다. 먼저 나온 아이는 붉고 털이 많아서 '털복숭이'라는 뜻의 이름인 '에서'(עֵשָׂו)라고 지었고, 후에 나온 아이는 손으로 에서의 발꿈치를 잡았다고 해서 '뒤를 쫓는 자', '발뒤꿈치를 잡은 자'라는 의미의 '야곱'(יַעֲקֹב)이라고 지었습니다. 작은 자는 큰 자를 필사적으로 잡으려고 했습니다. 태 안에서의 싸움이 밖에서까지 이어지고 있었습니다.

아이들이 자라자, 출생 시에 암시된 각각의 다른 특성들이 드러나기 시작했습니다. 붉고 온몸에 짐승 가죽옷을 두른 것처럼 털이 많았던 에서는 능숙한 사냥꾼이 되어 산과 들을 마음껏 누비고 다니는 활동적인 사람이 된 반면, 야곱은 조용히 장막에 거주하는 것을 좋아했습니다. 에서는 '들사람'인 반면, 야곱은 '집사람'이었으며, 에서는 야생 사냥을 즐겼던 반면, 야곱은 육축 치는 자, 가축을 돌보는 목자였습니다.

아이들의 성향이 다른 것처럼, 그 성향을 물려준 부모의 사랑도 엇갈렸습니다. 아버지 이삭은 에서가 사냥한 고기를 좋아했고 에서를 사랑했습니다. 어머니 리브가는 조용한 야곱을 사랑했습니다. 반대 성향에 대한 동경일까요? 조용한 묵상의 사람 이삭은 활달한 들사람 에서에게 마음이 끌렸습니다. 반면에, 어린 소녀로서 본토, 친척, 아비집을 용감하게 떠나온 여장부, ‘여자 아브라함’ 리브가는 조용한 야곱에게 마음이 갔습니다. 여기에는 이삭의 의외의 면도 한몫하는데, 그것은 이삭이 에서가 사냥한 고기를 즐겼다는 것입니다. 집에서 키운 가축보다 들에서 뛰어다니는 야생의 고기가 훨씬 더 풍미가 뛰어났던 것인지, 아니면 그렇게 자유분방하게 들로 산으로 뛰어다니는 에서에게 대리만족을 느끼고 해방감을 느꼈던 것인지, 이삭은 에서의 사냥한 고기를 즐겼습니다. 그리고 그것은 리브가에게 야곱에 대한 편애를 가속화시켰습니다. 아버지와 큰 아들, 어머니와 둘째 아들, 이렇게 밀착되었습니다.

열 손가락 깨물어서 안 아픈 손가락이 없다는 말을 합니다. 모든 자식이 소중합니다. 그러나 더 마음이 가고 더 사랑스러운 아이가 있을 수 있습니다. 보통의 부모는 그것이 자식들에게 상처가 되거나 경쟁이 되지 않도록 주의합니다. 그런데 여기 이 부모, 이삭과 리브가는 노골적인 편애를 합니다. 아주 지독한 편애를 합니다.

이러한 부모의 편애는 두 가지 심각한 문제를 초래하게 됩니다. 첫 번째, 형제 사이에서 평생 갈등을 일으켰습니다. 이 아이들은 쌍둥이입니다. 태생적으로 경쟁구조 속에 태어납니다. 그 경쟁이 처음부터 대단했습니다. 엄마 뱃속에서부터 싸웠습니다. 태어날 때도 뒤에 나오는 아이가 앞에 나오는 아이 발뒤꿈치를 잡았습니다. 평생을 경쟁하며 살아갈 것입니다. 그렇다면 부모로서 서로 다른 성향과 기질을 가진 이 두 아이가 화합하며 우애 있게 살도록 도와줘야 하지 않겠습니까? 그런데 이 부모는 중재자, 조정자, 하나됨의 매개자 역할을 하는 대신에 오히려 아이들의 싸움을 부추기고 서로 편을 가르고 말았습니다. 이삭과 에서, 리브가와 야곱, 이렇게 두 편으로 나누어 경쟁하고 다투는 형국이 되고 말았습니다. 이 싸움은 점점 커져서 나중에는 하마터면 형이 동생을 죽일 뻔한 사태까지 가게 됩니다.

두 번째 문제는 더 심각했습니다. 하나님의 약속이 뒤틀릴 뻔했습니다. 20년간 아이가 없다가 쌍둥이가 태어났습니다. 하늘의 별과 같은 자손을 주시겠다는 하나님의 약속이 내 대에서 끊어질 뻔했다가 다시 이어지게 되었습니다. 다음 세대로 계승되게 되었습니다. 하나님은 뱃속에서부터 말씀해 주셨습니다. "큰 자가 어린 자를 섬기리라." 하나님은 야곱을 선택하셨음을 분명히 말씀하셨습니다. 이 약속을 작은 자에게 계승해 나가시겠다고 선언하셨습니다.

그러나 이삭은 에서를 편애한 나머지 하나님의 말씀을 무시하고 이 약속을 큰 자에게 상속하려고 합니다. 나중에 눈이 어두워진 이삭이 야곱을 에서인 줄 알고 축복하는데, 기름짐, 풍성함, 뛰어남, 복의 근원 등, 모든 것을 에서에게 주려고 했습니다. 작은 자를 위해서는 정말 아무것도 남겨두지 않았습니다. 하나님의 말씀을 정면으로 거역한 것입니다. 내 선호보다 중요한 것은 하나님의 선택입니다. 출생 순서보다 중요한 것은 하나님의 뜻입니다. 세상 기준보다 중요한 것은 하나님의 말씀입니다. 아브라함은 하나님의 말씀에 순종하여 이스마엘을 내쫓았는데, 이삭은 말씀을 거역하고 끝내 에서를 선택했습니다.

우리가 특정 자식에게 강한 애착을 느낄 수는 있습니다. 평생 아버지의 그늘 아래 살았던 이삭이 자유분방한 에서에게 호감을 느끼고 남다른 애정을 가질 수는 있습니다. 그러나 그것이 평생 형제간의 싸움이 되게 하지는 말았어야 합니다. 그것이 하나님의 약속을 뒤틀고 거스르게 하지는 말았어야 합니다. 정말 무엇이 중요한 것입니까? 정말 뭣이 중헌디? 내 모든 취향, 기호, 선호, 판단, 이 모든 것보다 하나님의 말씀이 중요한 것 아닙니까? 오늘 그 경중을 구분하고 가장 비중 있는 기준으로 하나님 말씀을 선택하시기를 바랍니다.

팥죽 줄게 장자권 다오

결국 사건은 터집니다. 에서가 어느 날 사냥을 허탕 치고 돌아옵니다. 아무것도 잡지 못했습니다. 익숙한 사냥꾼에게 이런 날도 있습니다. 격렬한 사냥을 했던 탓인지 에서는 심히 피곤했습니다. 완전히 소진된 상태였습니다. 바로 이런 때가 조종당하기 쉬운 순간입니다. 이때 야곱은 죽을 쑤었습니다. "내가 피곤하니 그 붉은 것을 내가 먹게 하라." 에서가 요청했습니다. 그래서 에서의 별명이 에돔(붉음)이 되었습니다.

보통의 형제 같으면 어떻게 답할까요? "그래. 형 배고프지? 오늘은 아무것도 못 잡았어? 많이 힘들겠다. 어서 먹어"라고 할 것 같은데, 야곱은 뜬금없이 "형의 장자의 명분을 오늘 내게 팔라"라는 거래를 제안합니다. 이것이 오랫동안 준비해 왔던 사건이었음을 암시해 줍니다. 어떤 사람은 재미난 상상을 합니다. "야곱이 죽을 몇 그릇이나 끓였을까? 아마도 한 그릇 끓였을 것이다." 거래 성사 가능성을 높이기 위해, 에서에게 절박감을 느끼게 하기 위해, 딱 한 그릇만 끓여 놓고 에서를 기다리고 있었다는 것입니다. 누가 익숙한 사냥꾼인지 모르겠습니다.

에서의 대답을 들어보십시오. "내가 죽게 되었으니 이 장자의 명분이 내게 무엇이 유익하리요"(창 25:32). "다른 건 몰라도 이건 안돼. 다른 걸 줄게. 이건 우리 할아버지, 아버지께로부터 내려오는 하나님의 약속이야. 이건 거래의 대상이 아니야. 내가 마음대로 누군가에게 줄 수 있는 것이 아니야." 이것이 바른 대답이지 않았을까요?

에서는 자신이 굶어 죽게 생겼다고 말합니다. 지쳐서 힘들어 죽을 것 같다고 말합니다. 지나친 과장입니다. 거기에 비하면 장자의 명분은 그다지 큰 유익이 없다고 말합니다. 지금은 나에게 죽 한 그릇이 훨씬 더 큰 가치라고 말합니다. 지나친 경솔함입니다. 장자권은 가문의 축복과 유산을 상속받을 수 있는 권리입니다. 특별히 아브라함의 가정에서 장자권은 하나님의 약속을 이어받는 권리입니다. 이 귀중한 특권의 가치를 모릅니다. 에서는 지나친 과장과 경솔함을 지닌 인물이라는 사실이 드러나고 있습니다.

어쩌면 에서는 아버지의 특별한 사랑, 지독한 편애를 믿었던 것일까요? 지금 장자권을 야곱에게 주어도, 결국 아버지는 나에게 모든 것을 상속할 것이라고 생각했던 것일까요? 그러나 이 복과 약속은 하나님이 아브라함에게 주셨고, 이삭에게 주셨으며, 그다음에 누구에게 주실지 하나님께서 결정하신다는 것을 에서는 몰랐습니다. 하나님께서 주신다고 생각했더라면 이렇게까지 경솔하지는 않았을 텐데 하는 아쉬움이 남습니다.

그러자 야곱은 "오늘 내게 맹세하라"고 요구합니다. 조급하고 경솔한 에서와 냉정하고 치밀한 야곱이 대조됩니다. 에서가 맹세하고 장자권을 팔았습니다. 그리고 죽 한 그릇을 얻었습니다. 장자권을 팔아 죽 한 그릇을 얻었습니다. 많은 것을 내주고 적은 것을 얻었습니다.

성경은 이 거래를 어떻게 평가합니까? "야곱이 떡과 팥죽을 에서에게 주매 에서가 먹으며 마시고 일어나 갔으니 에서가 장자의 명분을 가볍게 여김이었더라"(창 25:34). 성경은 에서의 행동을 4개의 동사로 표현합니다. "먹으며 마시고 일어나 갔으니." 무심한 듯, 전혀 개의치 않는다는 듯이 행동했다는 것입니다. 먹기 전에야 너무나 배가 고픈 나머지 그렇게 했다 치더라도, 먹고 난 다음에는 바로 잡으려고 노력했어야 하지 않을까요? 그는 아무렇지도 않은 듯이 그저 먹고 마시고 일어나 갔습니다. 이렇게 할 수 있었던 이유는, 그가 장자의 명분을 가볍게 여겼기 때문이라고 지적합니다. 장자의 명분을 대수롭지 않게 생각했고, 과소평가했습니다. 하나님의 약속을 계승하는 것이 얼마나 가치 있는 일인지 몰랐다는 것입니다. 이제 에서는 야곱과 위치를 바꾸게 됩니다.

신약성경도 같은 평가를 내립니다. "한 그릇 음식을 위하여 장자의 명분을 판 에서와 같이 망령된 자가 없도록 살피라"(히 12:16). '망령된 자'라고 말합니다. 한 그릇 음식 때문에 가장 소중한 것을 팔아 버린 사람, 망령된 자. 돼지가 진주를 알아보지 못하고 짓밟아 버리는 것처럼, 정말 중요한 것을 중요한 줄 모르고 팔아 버린 사람, 진짜 "뭣이 중헌지"를 모르는 사람이라고 평가합니다.

이 망령된 거래는 지금도 반복되고 있습니다. 많은 사람들이 한 그릇 음식을 위해 하나님의 약속을 팔아 버립니다. 하나님의 자녀됨을 놓아버립니다. 당장 눈앞의 작은 이익을 위해 영원한 축복을 주저 없이 포기합니다. 나는 이 한 그릇 음식을 놓칠 수 없다고 말합니다. 내가 지금 죽게 생겼다고 말합니다. 먹으며 마시고 일어나 갑니다. 얼마나 귀중한 것을 빼앗긴 것인지 알지 못합니다. 적은 것을 얻고 많은 것을 잃습니다. 나중에 에서는 눈물을 흘리며 구하였지만 기회를 얻지 못합니다(히 12:15-17).

혹시 이런 망령된 거래가 나에게도 있지 않습니까? 오늘날 많은 성도들이 이 한 그릇 가치관에 오염되어 있습니다. 주일예배를 빠지고 가족여행을 떠납니다. 잠시 즐거움과 친밀감을 얻지만, 가족의 주일성수 신앙을 잃습니다. 십일조 헌금을 드리지 않습니다. 적은 금전을 얻지만, 내 모든 소득이 주님이 주신 것이라는 신앙고백과 주신 모든 재물을 주님 뜻대로 사용하겠다는 헌신을 잃습니다. 무엇을 얻고 무엇을 잃은 것입니까? 나도 한 그릇 음식 가치관에 오염되어 있지 않습니까? 한 그릇 음식이 없다고 망하지 않고, 하나님의 복을 못 받아 망합니다. 오늘 뭣이 중헌지 분별하는 눈을 열어 주시기를 바랍니다.

정리하겠습니다. 이삭과 리브가는 20년 동안 기도하며 인내하고 마침내 잉태합니다. 넘치는 선물, 쌍둥이를 받습니다. 그러나 이삭과 리브가는 각각의 성향과 선호에 따라 편애합니다. 하나님의 선택보다 자신들의 선택을 더 중시했던 이 가정은 정말 중요한 것들을 잃어버립니다. 부부의 행복, 자녀들의 우애, 하나님 약속의 순탄한 성취를 잃어버립니다. 그리고 무엇을 얻었습니까? 사냥한 고기, 편애를 받은 아이들의 왜곡된 인격. 이들은 정말 큰 것을 잃어버리고 작은 것을 얻은 것이 아닐까요?

그들의 아들들도 그랬습니다. 에서는 죽 한 그릇을 받고 장자권을 잃어버렸고, 야곱은 장자권을 얻었지만 하나님의 때와 방법을 잃어버립니다. 무엇을 얻고 무엇을 잃은 것입니까? 이 가족 모두는 작은 것을 얻고 큰 것을 잃어버립니다. 정말 무엇이 중한 것입니까?

여러분! 오늘 주님 앞에서 깊이 생각해 보십시오. 내 선택으로 나는 무엇을 얻고 무엇을 잃고 있는가? "주님, 정말 이 순간 나에게 중한 것이 무엇입니까? 어리석은 선택을 하지 않도록 도와주옵소서. 가장 중한 것, 가장 귀한 것을 붙잡는 믿음과 용기를 주옵소서." 오늘 이런 은혜가 여러분에게 있기를 바랍니다.

무엇을 남기랴 · 창 26:1-11

"그 곳 사람들이 그의 아내에 대하여 물으매 그가 말하기를 그는 내 누이라 하였으니 리브가는 보기에 아리따우므로 그 곳 백성이 리브가로 말미암아 자기를 죽일까 하여 그는 내 아내라 하기를 두려워함이었더라"(창 26:7)

우성 신앙 유전

아브라함 때에 첫 흉년이 들었었는데, 이삭 때에 또 흉년이 들었습니다. 하나님이 주신 땅, 젖과 꿀이 흐르는 땅인데 흉년이 또 찾아왔습니다. 어쩌면 젖과 꿀은 하나님과의 풍성한 관계를 의미하는 것이 아닌가 싶습니다.

흉년이 들자 아브라함은 애굽으로 향했습니다. 내(하나님)가 네게 지시할 땅으로 가라는 말씀을 듣고 이 땅에 왔지만, 그는 흉년에 놀라 황급히 그 땅을 떠나서 하나님이 지시하지 않은 땅으로 갔습니다. 약속의 땅을 버리고, 양식이 풍족한 땅 애굽으로 갔습니다. 떡을 좇지 않고 약속을 좇아야 했고, 물질의 토대가 아닌 말씀의 토대 위에 서야 했지만, 아브라함은 그만 실패하고 말았습니다.

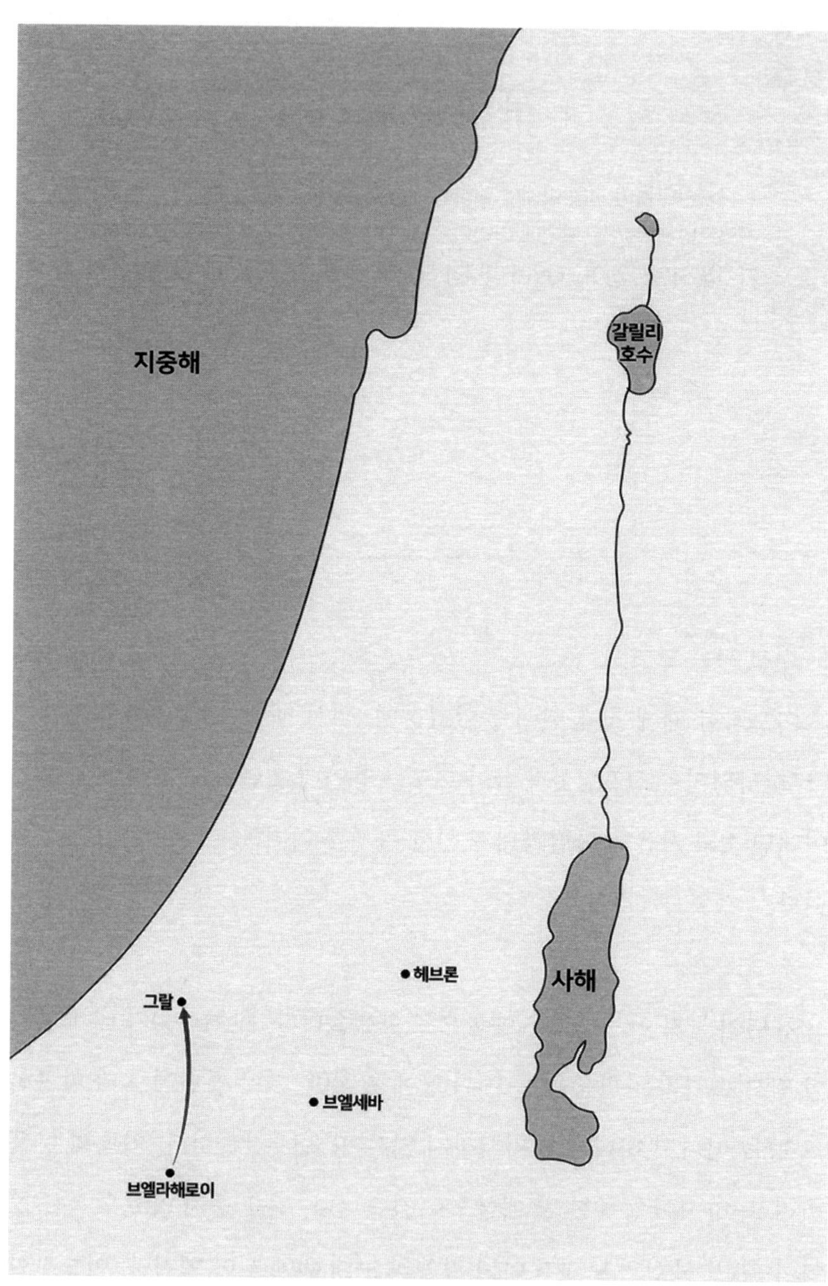

〈지도 1. 그랄로 올라가다〉

흉년의 때에 이삭은 어떻게 반응했을까요? 그랄로 올라갑니다. 그랄은 지중해 가까운 해안평야 지역입니다. 아마도 이삭은 약속의 땅을 떠나지 않으려고 애를 썼던 것 같습니다. 아버지 아브라함이 평생에 걸쳐 지켰고, 리브가를 얻을 때도 절대로 떠나서는 안 된다고 종을 통해 이삭에게 신신당부했던 바로 그 땅. 흉년이라서 양식이 부족한 상황에서도 그 땅에 머물러야 한다고 생각했고, 오랜 고민 끝에 이삭이 선택한 곳이 바로 그랄이었을 것입니다.

그랄에 올라간 어느 날, 하나님의 말씀이 이삭에게 임했습니다. "여호와께서 이삭에게 나타나 이르시되 애굽으로 내려가지 말고 내가 네게 지시하는 땅에 거주하라 이 땅에 거류하면 내가 너와 함께 있어 네게 복을 주고 내가 이 모든 땅을 너와 네 자손에게 주리라 내가 네 아버지 아브라함에게 맹세한 것을 이루어 네 자손을 하늘의 별과 같이 번성하게 하며 이 모든 땅을 네 자손에게 주리니 네 자손으로 말미암아 천하 만민이 복을 받으리라"(창 26:2-4).

아브라함에게 주었던 맹세, - 씨와 땅, 그리고 복의 근원 - 이 맹세를 이삭 너에게 계승하리라고 말씀하셨습니다. 아브라함도 순종으로 이 모든 약속을 받았는데, 이삭 너도 순종으로 이 모든 것을 물려받으라고 하셨습니다.

이삭은 그 말씀에 순종했습니다. "거주하라"(창 26:2)고 하셨는데 "거주하였더니"(창 26:6)라고 합니다. 그 땅에 거주하라는 말씀에 순종했습니다. 이 순종은 누구에게 배운 것일까요? 아버지 아브라함에게 배웠을 것입니다. 아브라함의 순종은 말씀하시면 바로 행하는 '즉각 순종', 집안 모든 남자에게 행하는 '전적 순종'이었습니다. 아브라함은 이 순종으로 이삭을 하나님께 바쳤었습니다. 그때 이삭도 아버지의 순종에 동참했습니다. 이삭은 아버지로부터 순종이라는 좋은 유산을 물려받았습니다. 그래서 아버지보다 더 나은 선택을 할 수 있었던 것입니다. 그는 양식을 좇아 애굽에 내려가지 않았고 약속의 땅에 머물렀습니다.

여러분은 어떠십니까? 여러분의 아들들은 여러분에게서 순종을 배우고 있습니까? 여러분의 순종에 참여하면서 믿음의 유산을 물려받고 있습니까? 여러분의 자녀들은 약속의 땅에 머무르고 있습니까? 하나님이 지시하신 땅에 거주하고 있습니까? 우리 아이들이 우리에게서 순종을 배워서 우리보다 더 나은 선택을 하기를 바랍니다. 약속의 땅을 떠나지 않기를 바랍니다.

열성 신앙 유전

그렇게 이삭이 그 땅에 머물렀는데, 그곳 사람들이 이삭의 아내에 대해 물었습니다. 성경은 리브가가 보기에 아리따운 여성이었다고 기록합니다. 이 아름다운 여성에 대해 사람들의 관심이 쏠리게 되었고, 이삭은 위협을 느꼈습니다. 그래서 그는 리브가에 대해 "내 누이라"라고 둘러대고 거짓말을 하였습니다.

그런데 이 장면, 어디서 본 것 같지 않으십니까? 누가 자기 아내를 누이라고 했었습니까? 바로 아브라함입니다. 이삭의 아버지 아브라함이 애굽에 갔을 때, 그리고 블레셋에 갔을 때, 사람들이 아내 사라에게 주목하자 생명의 위협을 느낀 나머지, 아브라함은 사라를 자신의 누이라고 했었습니다. 아마도 아브라함이 이 장면을 봤더라면 통곡했을 것입니다. "아이고, 나를 닮았구나."

아브라함은 이런 모습을 물려주고 싶었을까요? 순종하는 모습, 곧 즉각 순종, 전적 순종만 물려주고 싶지, 누가 이런 모습을 물려주고 싶겠습니까? 비록 자신을 섭섭하게 하고 떠나갔지만 그럼에도 롯이 위기에 처하자, 평소에 집에서 훈련한 318명의 용사를 데리고 가서 구출해오는 용기, 의리있는 모습, "사람은 내게 보내고 물품은 네가 가지라"는 소돔 왕의 제안을 단번에 거절하는 근사한 모습, "나를 부하게 하시는 분은 오직 하나님이시라"고 외치는 당당한 모습, 아들이라도 바치라고 하시면 드리는 절대 순종, 절대 신앙의 모습, 이런 좋은 모습만 물려주고 싶은 것이 부모의 마음 아니겠습니까?

비록 내 인생에서 실수와 잘못이 많았더라도, 자식에게만큼은 좋은 것만 물려주고 싶은 것이 모든 부모의 마음일 것입니다. 그러나 안타깝게도 그것은 우리의 뜻대로 되지 않습니다. 인생의 좋은 부분만 쏙쏙 골라 물려줄 수도 없고, 물려주고 싶지 않은 것들을 걸러낼 수도 없기 때문입니다.

"가족력"이라는 것이 있습니다. 할아버지가 간이 안 좋으셔서 돌아가셨다면, 아버지도 간이 좋지 않고, 나 또한 간이 별로 좋지 않은 경우가 많습니다. 같은 유전자, 같은 체질, 같은 식습관, 그리고 같은 환경이 같은 질병을 만들어 낼 가능성을 높이기 때문입니다.

영적 가족력도 있습니다. 할아버지가 거짓말을 잘하셨으면, 아버지도 거짓말을 잘하고, 아들 역시 거짓말을 잘합니다. 할아버지가 편애를 하셨으면, 아버지도 편애를 하고, 나 또한 편애를 한다는 것입니다. 같은 영적인 연약함이 발현될 가능성이 아주 높다는 것입니다.

이런 경험을 하는 경우가 많습니다. 아버지에게 있는 어떤 영적인 연약함을 보면서 "나는 절대 저렇게 되지 말아야지"라고 다짐했는데, 나도 똑같은 연약함을 갖고 있음을 발견할 때가 있습니다. 그리고 그 연약함이 내 아들에게서도 보일 때면, 정말 속상합니다. 마치 내가 그 연약함을 물려준 것 같아 아들을 볼 때마다 괴롭습니다.

'피는 못 속인다', '씨 도둑질은 못 한다'는 말처럼, DNA는 참으로 놀랍습니다. 아버지와 아들은 생김새는 물론, 성격이나 식성, 심지어 걸음걸이까지 닮는 경우가 많습니다. 유전 정보가 그대로 대를 이어 전해집니다. 영적인 DNA도 마찬가지로 부모에게서 자녀에게 그대로 전달됩니다.

아브라함이 아내를 누이라고 속이는 모습을 아들 이삭이 봤을까요, 못

봤을까요? 이삭이 태어나기도 전의 일이어서 못 봤습니다. 아이들에게 보여주고 싶지 않은 모습, 아이들이 실제로 보지 못한 모습, 심지어 아이들이 전혀 모르는 모습까지도 그대로 닮더라는 것입니다. 마치 우성 유전자만 물려주고 싶어도, 열성 유전자까지 물려받는 것처럼, 부모가 우성 신앙만 물려주고 싶어도 열성 신앙까지 그대로 물려주게 됩니다.

이 집안의 거짓말 내력은 갈수록 심각해집니다. 아브라함의 거짓말, 이삭의 거짓말, 그리고 야곱의 거짓말에 이어 야곱 아들들까지, 거짓말은 걷잡을 수 없이 커집니다. 야곱은 형의 옷을 입고 에서인 척 아버지에게 거짓말을 합니다. 야곱의 아들들은 요셉의 옷에 피를 묻혀 요셉이 죽었다고 아버지를 기만하는 끔찍한 거짓말을 합니다. 어떻게 아버지에게 당신의 아들이 죽었다는 거짓말을 할 수 있을까요? 이처럼 대대로 이어져 온 거짓말의 가족력, 거짓말 유전자를 누가 끊어냅니까? 바로 요셉입니다. "나는 나를 믿고 맡겨준 주인을 속일 수 없습니다. 나는 하나님을 속일 수 없습니다." 모두를 고통스럽게 했던 거짓말의 파괴적인 영향력을 마침내 요셉이 극복합니다.

'우리 집안에는 이런 내력이 있어', '이런 영적인 DNA가 있어', '우린 시작부터 잘못됐어'라고 단정 짓지 마십시오. 오히려, 여러분이 여러분 가정의 요셉이 되어 주십시오. 거짓 대신 정직함으로, 불순종 대신 순종으로, 교만 대신 겸손으로, 음란 대신 순결함으로, 여러분이 요셉이 되어 여러분 가정을 새롭게 하십시오. 요셉처럼 여러분이 여러분 가정을 살리고, 나아가 이 세상을 살리는 귀한 은혜가 임하기를 바랍니다.

내일은 늦으리

우리가 자녀에게 우성 유전자와 열성 유전자를 함께 물려주듯이, 우성 신앙과 열성 신앙도 함께 물려주게 됩니다. 따라서 좋은 것을 물려주고 싶다면, 먼저 내가 좋은 사람이 되고, 물려주고 싶은 대로 살아야 합니다. 땅을 물려주려면 땅이 있어야 하고, 돈을 물려주려면 돈이 있어야 하듯이, 신앙을 물려주려면 내 안에 먼저 신앙이 있어야 합니다. 결국 내 안에 없는 것을 물려줄 방법은 없기 때문입니다.

오늘 내가 말씀대로 살아야 합니다. 아이들이 보고 듣는 앞에서뿐만 아니라, 보지 않고 듣지 않는 곳에서도 우리는 말씀대로 살아야 합니다. 아이들이 비겁하지 않고 용기 있게 살기를 바란다면, 먼저 우리가 비겁하지 않고 용기 있는 삶을 살아야 합니다. 또한, 아이들이 예수님을 잘 믿기를 원한다면, 오늘 내가 먼저 예수님을 잘 믿는 모습을 보여주어야 합니다. 좋은 이야기가 들어가는 것이 아닙니다. 내 삶이 들어가는 것입니다. 명언이 남는 것이 아니라, 내 삶이 남는 것입니다.

이미 늦었다고 말하지 마십시오. 아직 기회가 있습니다. 지금도 우리에게 생명을 주시고 시간을 허락하시는 것은, 다시 시작할 기회를 주시는 것입니다. 다시 시작하십시오. 정말 물려주고 싶은 모습 그대로 사십시오. 그렇게 할 때, 이전과는 분명히 다른 것들이 자녀들에게 전해지기 시작할 것입니다. 주님이 여러분의 가정과 자녀들을 축복해 주시기를 바랍니다.

선제조치

그런데 여기 놀라운 이야기가 있습니다. 아브라함과 달리 이삭에게는 특별한 은혜가 있었습니다. 아마도 이것이 모태신앙의 가장 큰 유익일지도 모른다는 생각이 듭니다. 바로 하나님께서 이삭을 "막아주시는 은혜"가 있었다는 점입니다.

첫 번째는 "사전 경고의 은혜"입니다. 흉년이 들자 하나님께서는 이삭에게 나타나셔서 "애굽으로 내려가지 말고 내가 네게 지시하는 땅에 거주하라"(창 26:2)고 말씀하셨습니다. 아브라함에게는 이런 경고가 없었고, 그는 흉년이 왔을 때 애굽으로 내려갔습니다. 그러나 이삭은 달랐습니다. 하나님께서 나타나셔서 미리 경고해 주시고 막아주셨기에, 이삭은 멈췄고 애굽으로 가지 않았습니다. 그 결과, 그는 약속을 계승하고 흉년에도 백 배나 수확하는 등 큰 복을 받게 됩니다. 이처럼, 하나님께서는 이삭에게 말씀으로 사전 경고하시고 막아주시는 은혜를 베푸셨습니다.

두 번째는 "발각의 은혜"입니다. 이삭은 아내 리브가를 누이라고 속여 자신은 안전해졌지만, 리브가를 위험에 빠뜨렸습니다. 그런데 어느 날, 그랄 왕 아비멜렉이 이삭과 리브가가 다정하게 껴안고 있는 모습을 목격하게 됩니다. 아내를 누이라고 했으니, 얼마나 들키지 않으려고 조심했겠습니까? 그런데 하필 그 모습을 왕이 본 것입니다. 왕이 국사도 바쁘고 할 일도 많았을 텐데, 하필 그날 왕의 눈에 띄게 된 것입니다. 누가 이렇게 하시는 것입니까? 하나님께서 그들의 거짓말이 발각되게 하시는 것입니다.

아브라함은 아내 사라를 두 번이나 빼앗겼습니다. 사라는 애굽 바로의 궁과 블레셋 왕의 궁에 들어갔었습니다. 그때 하나님께서 바로와 아비멜렉의 꿈에 나타나셔서 사라를 구출해주셨습니다. 하지만 이삭의 경우는 달랐습니다. 하나님께서는 아내 리브가가 왕궁에 들어가기 전에, 즉 아무 일도 벌어지기 전에 거짓말이 들통나게 하셨습니다. 비록 망신은 당했지만, 리브가는 오히려 왕명으로 보호받게 되었습니다. 아비멜렉이 모든 백성에게 "이 사람이나 그의 아내를 범하는 자는 죽이리라"라고 엄명을 내립니다. 바로 하나님께서 베푸시는 막아주심의 은혜입니다.

저도 아이들을 키우면서 가장 많이 경험한 은혜 중 하나가 바로 이 "발각의 은혜", "들킴의 은혜"입니다. 아이들이 악한 일에 연루되기 전에, 나쁜 계획을 실행하기 전에 발각되게 하십니다. 저에게 들키고, 엄마에게 걸리기도 하고, 때로는 다른 누군가가 보고 알려주기도 합니다. 이렇게 상황이 더 악화되기 전에, 죄에 더 깊이 빠지기 전에 모든 것이 드러나게 하십니다. 바로 하나님께서 미리 막아주시는 은혜입니다.

여러분은 어떠십니까? 하나님께서는 우리에게 미리 경고의 말씀을 주시고, 잘못된 길이 드러나게 하십니다. 우리를 막아주시는 것입니다. 하나님이 막아주실 때 멈추는 것, 그것이 바로 은혜입니다.

정리하겠습니다. 여러분은 자녀에게 무엇을 물려주고 싶으십니까? 우리가 원하는 것만 선별적으로 골라서 물려줄 수 없습니다. 이삭도 아브라함의 좋은 점과 나쁜 점을 모두 물려받았습니다. 순종도 물려받았지만, 거짓말도 물려받았습니다. 이처럼 우리의 모든 삶이 고스란히 다음 세대로 전달됩니다.

그러나 아직 기회가 있습니다. 하나님께서 말씀해 주실 것입니다. 잘못된 길을 드러내 보여주시고, 막아주실 것입니다. 그럴 때, 멈추고 다시 시작하십시오. 아직 우리에게 시간이 남아 있을 때, 생명을 연장해 주실 때, 물려주고 싶은 모습 그대로 우리가 먼저 사는 것입니다. 내가 바로 요셉이 되어, 오랫동안 이어진 죄의 가족력과 악한 DNA를 끊어내야 합니다. 돌파하는 것입니다. 그렇게 새로운 인생과 새로운 가정의 이야기를 써 내려가는 여러분이 되시기를 바랍니다.

소심과 온유 • 창 26:12-33

"이삭이 그들을 위하여 잔치를 베풀매 그들이 먹고 마시고 아침에 일찍이
일어나 서로 맹세한 후에 이삭이 그들을 보내며 그들이 평안히 갔더라"
(창 26:30-31)

갈 필요도 없었네

약속의 땅에 흉년이 들었습니다. 하나님께서는 이삭에게 나타나셔서
애굽으로 내려가지 말고 그곳에 머물라고 하셨습니다. 이삭은 그 말씀에
순종하여 그 땅에 남았습니다. 흉년에 이삭은 양식을 얻기 위해 직접 농
사를 지었습니다. 본래 이 집안의 생업은 목축업이었습니다. 아버지 아
브라함 때부터 많은 가축 떼를 거느리고 있었습니다. 아마 그전까지는
가축과 식량을 물물교환하는 방식으로 양식을 구했을 것입니다. 그러나
흉년이 심해지자 사람들은 더 이상 양식을 팔려고 하지 않았을 테고, 결
국 이삭은 직접 농사를 지을 수밖에 없었습니다.

이삭이 그렇게 농사를 시작하자마자 놀랍게도 백 배나 많은 수확을 거
두었습니다(창 26:12). 정보가 넘쳐나는 요즘에도 귀농해서 2~3년 안에

평년작을 올리기란 쉽지 않다고 합니다. 그런데 이삭은 귀농한 첫해에 백 배나 거둔 것입니다. 성경에서 백 배는 "삼십 배, 육십 배, 백 배"의 비유에서 볼 수 있는 것처럼 기대할 수 있는 가장 큰 성공을 의미합니다. 이 성공에 대해 창세기는 "여호와께서 복을 주신"(창 26:12) 결과라고 선언합니다. "이 땅에 거류하면 내가 너와 함께 있어 네게 복을 주겠다"(창 26:3)는 약속이 실제로 이루어진 것입니다. 이삭은 여기에서 이렇게 많은 양식을 얻을 수 있다면, 애굽에 갈 필요가 없다는 것을 깨달았습니다. 하나님께서는 어느 곳에서든 양식을 주실 수 있으며 젖과 꿀이 흐르게 하실 수 있습니다.

'에이, 어쩌다 한 번 잘된 거겠지'라고 생각할 수도 있지만, 그렇지 않습니다. 이삭은 갈수록 "창대하고 왕성하여 마침내 거부가 되었습니다"(창 26:13). 블레셋 사람들이 그를 격렬하게 시기할 정도였습니다. 우리말 성경에는 창대하고 왕성하여 마침내 거부가 되었다고 번역되었지만, 히브리어 원어는 '위대해지다', '존귀해지다', '크고 부유해지다'라는 뜻의 한 단어 '가달(גָּדַל)'이 세 번 반복되고 있습니다. 직역하자면, '이삭은 위대해지고 계속 위대해지더니 정말로 위대하게 되었다'는 의미입니다. "네 이름을 창대하게 하리라"(창 12:2)는 약속의 말씀이 이삭을 통해 성취되어 간다는 것을 보여줍니다. 이삭은 풍작으로 얻은 많은 양식을 바탕으로 양과 소 떼를 크게 불리고, 수많은 종들을 거느리게 되었습니다.

약속의 땅을 떠나 애굽에 갔던 사람들은 모두 "가지 말고 여기에 머물렀어야 했는데"라고 한결같이 후회했습니다. 반대로 약속의 땅에 머물렀던 사람들은 "안 가고 여기 남길 잘했네"라고 한결같이 고백했습니다. 하나님이 지시하시는 땅에 거주하는 것이 축복입니다. 믿음으로 그 땅에 거하면 흉년에도 백 배나 거두게 하실 것입니다. 굳이 애굽에 갈 필요가 없을 만큼 풍족한 양식을 얻게 될 것입니다. 그리고 위대해지고, 계속 위대해지다가 마침내 정말 위대해지게 될 것입니다. 하나님을 신뢰하시고 용기를 내시기 바랍니다.

또 하나, 이삭의 귀농은 고육지책이었습니다. 그러나 하나님께서는 그에게 복을 주셔서 흉년에도 백 배나 거두게 하셨습니다. 여러분도 혹시 고육지책으로, 어쩔 수 없이 선택한 일이 있습니까? 그 일이 백 배의 열매를 맺는 새로운 기회가 되기를 바랍니다. 약속의 땅에 머물기 위해 손해를 감수하고 선택한 일들에 하나님께서 놀라운 복을 부어 주시기를 바랍니다.

굴러 들어온 돌이 어디서

이삭이 놀라운 성공을 거두자, 블레셋 사람들은 그를 질투하고 텃세를 부리기 시작했습니다. 그들은 이삭의 아버지 아브라함 때에 팠던 우물들을 모두 막고 흙으로 메워버렸습니다. 그 우물들은 아브라함 때에 힘들게 파서, 블레셋 사람들에게 땅값을 지불하고 정당하게 소유권을 얻은 것이었습니다(창 21:30). 그런데 블레셋 사람들이 그것을 모두 못쓰게 만든 것입니다. 농사에 필요한 물, 가축이 마실 물, 그리고 수많은 사람들의 식수가 하루아침에 사라졌습니다. 그들은 이것으로 이삭의 성공이 끝날 것이라고 생각했습니다.

게다가 그랄 왕 아비멜렉은 이삭에게 추방령을 내립니다. "네가 우리보다 크게 강성한즉 우리를 떠나라"(창 26:16). 한때 이삭과 그 아내를 보호하라고 명령했던 아비멜렉이 이제는 떠나라는 명령을 내리고 있습니다.

사실 물이 귀한 지역에서 고의로 우물을 막고 흙으로 메워버리는 행위는, 단순히 상대방의 재산권 침해를 넘어서, 이 지역을 떠나라는 경고이자, 전쟁까지 불사하겠다는 선전포고입니다. 이는 이삭의 세력이 질투를 넘어 위협적으로 느껴질 만큼 커졌다는 것을 의미합니다.

이런 상황에서 이삭은 어떤 마음이었을까요? 이 정도면 버티기 어렵지 않았을까요? "하나님! 저 이제 정말 견디기가 어렵습니다. 하나님 말씀대로 이 땅에서 버텨보려고 애를 써 봤지만, 저렇게까지 하니 저도 이제 어쩔 수 없습니다. 어쩔 수 없어 애굽으로 갑니다"라고 하고 떠나갔을까요?

17절을 보십시오. "이삭이 그 곳을 떠나 그랄 골짜기에 장막을 치고 거기 거류하며." 이삭은 그랄 골짜기로 갑니다. 그랄 골짜기는 비록 블레셋 땅이기는 하지만 그랄의 직접적인 영향이 미치지 않는 곳입니다.

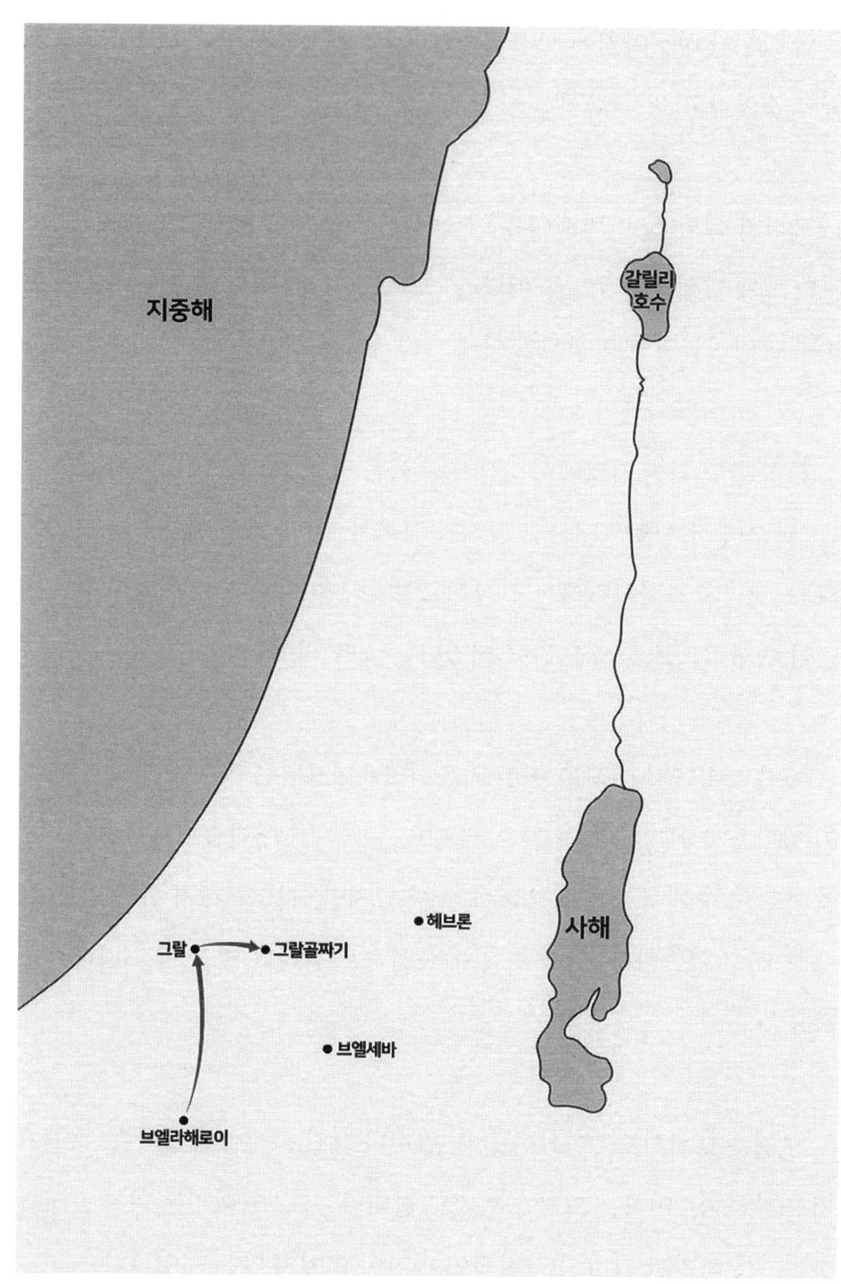

〈지도 2. 그랄 골짜기로 가다〉

그것은 아마도 약속의 땅에 머물기 위한 몸부림, 곧 하나님의 명령에 순종하기 위한 몸부림이었을 것입니다. 이삭은 아비멜렉의 '떠나라'는 명령보다, 하나님의 '머물라'는 명령을 더 중요하게 여겼습니다.

이삭은 블레셋의 도발에 휘말리지 않고, 조용히 그랄 골짜기로 들어갔습니다. 그리고 그들이 메워버렸던 아버지의 우물들을 다시 파냈습니다. 흙을 치우고 깨끗이 하여 다시 식수원으로 만들었습니다. 그리고 아버지가 부르던 이름으로 그 우물들을 불렀습니다. 그것은 마치 중국에서는 장백산이라 부르지만 우리는 백두산으로 부르고, 일본에서는 다케시마라 부르지만, 우리는 독도라 부르는 것과 같은 이치였을 것입니다. "이 우물은 우리 아버지 때부터 내려온 우리의 우물이다"라고 선포하는 것입니다.

이 일은 중요한 영적인 원리를 가르쳐 줍니다. 우리 아버지 때에 생수가 솟아나던 우물들을 원수가 막아버렸습니다. 주일예배, 새벽기도, 철야기도, 성경공부, 부흥회 등 정말 생수가 흘러넘치던 우물들이 풍성했습니다. 그러나 원수가 막아버렸습니다. 주일 성수가 느슨해졌고, 기도가 약해졌습니다. 성경공부 시간과 부흥회에 사람들이 잘 모이지 않습니다. 성도들은 약골이 되어가고, 교회는 쇠퇴하고 있습니다.

우리는 다시 아버지 때의 우물을 파야 합니다. 원수가 메워놓은 흙과 쓰레기들을 모두 치워 다시 깨끗한 우물로 만들어야 합니다. 그러면 다시 생수가 터져 나올 것입니다. 만민을 치료하고 소성케 하는 생수가 흘러넘치게 될 것입니다. 각 교회에 생수가 강물같이 흘러가는 영광의 그 날을 주실 줄을 믿습니다.

이삭은 시급한 식수 문제를 해결한 후에, 골짜기에서 계속 우물을 파 나갔습니다. 드디어 골짜기에서도 우물을 얻었습니다. 그런데 블레셋 사람들이 그 물은 자기들 땅에서 난 것이니 자기 것이라고 하며 쫓아와서 시비를 걸었습니다. 이삭은 그 우물 이름을 "에섹(다툼)"이라고 하고 또 다른 우물을 팝니다. 거기에서 또 물이 나왔습니다. 그러자 그들은 거기까지 따라와서 싸움을 걸었습니다. 세상에 블레셋 사람들과 같은 사람들이 있습니다. 싸우려고 작정하고 달려듭니다. "나도 참을 만큼 참았다. 인내에도 한계가 있다. 어디 한번 해보자"라고 할 법도 한데, 이삭은 이 우물도 "싯나(대적함)"라고 부르고 그들에게 주고 떠납니다.

아브라함은 집에서 훈련시킨 종 318명을 데리고 가서 그돌라오멜 연합군을 기습 공격해서 빼앗겼던 모든 것을 되찾아 왔습니다. 이삭도 충분히 그렇게 할 수 있었습니다. 이삭의 종들이 아브라함의 종보다 더 많습니다. 그러나 이삭은 참습니다. 아브라함이 롯에게 양보했던 것처럼 이삭도 블레셋 사람들에게 양보합니다.

이삭이 그곳을 떠나 다른 곳에 우물을 팠는데, 또다시 물이 솟아 나왔습니다. 블레셋 사람들도 더 이상 시비를 걸지 않았습니다. 이삭은 그 우

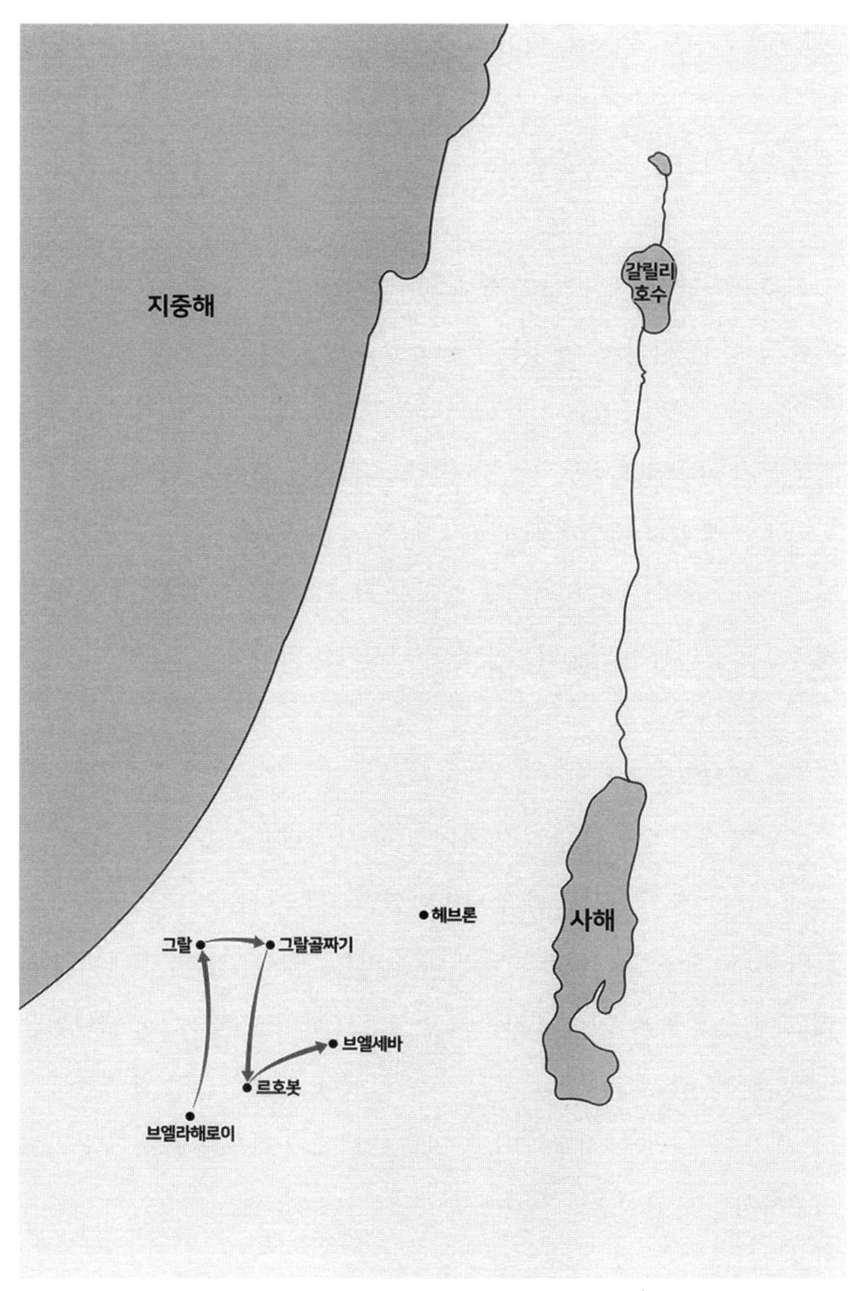

〈지도 3. 브엘세바로 돌아가다〉

물을 "르호봇(장소가 넓음)"이라 불렀습니다. 계속 양보하고 또 양보했더니, 오히려 하나님께서 더 넓은 곳을 허락해 주셨다는 의미입니다. 내어줌으로써 이기고, 져줌으로써 결국 승리하게 된다는 것입니다.

너무 악착같이 "내 것"을 고집하지 마십시오. 이삭이 내어줌으로 얻고, 져줌으로 이겼다면, 그의 아들 야곱도 충분히 그럴 수 있었을 텐데, 야곱은 악착같이 달려들었습니다. 그러나 그것으로 많은 고생을 하고 나서야 결국 복은 하나님께서 주시는 것이라고 고백하게 됩니다. 하나님은 능히 흉년에도 백 배나 거두게 하시고, 우물을 파는 곳마다 물이 솟아나게 하실 수 있는 분입니다. 하나님을 온전히 신뢰하심으로 내어줌으로 얻고 져줌으로 승리하는 믿음의 사람들이 되시기를 바랍니다.

온유한 사람

흉년이 끝나자 이삭은 다시 자기 고향 브엘세바로 올라갔습니다. 그날 밤 하나님께서 다시 그에게 나타나셨습니다. "나는 네 아버지 아브라함의 하나님이니 두려워하지 말라 내 종 아브라함을 위하여 내가 너와 함께 있어 네게 복을 주어 네 자손이 번성하게 하리라"(창 26:24). 하나님은 다시 약속을 확인해 주셨습니다. 마치 "잘했다. 약속의 땅을 잘 지켜냈구나. 내가 아브라함에게 준 약속을 반드시 너에게 계승해 줄 것이다"라고 말씀하시는 것 같았습니다. 이삭은 그곳에 제단을 쌓고 여호와의 이름을 불렀습니다.

그런데 그랄 왕 아비멜렉이 친구 아훗삿과 군대장관 비골을 데리고 그랄에서부터 이삭을 찾아왔습니다. "쫓아낼 때는 언제고, 왜 이제 와서 나를 찾아왔느냐?"라고 이삭이 묻자 그들은 대답합니다. "여호와께서 너와 함께 계심을 우리가 분명히 보았으므로 우리의 사이 곧 우리와 너 사이에 맹세하여 너와 계약을 맺으리라 말하였노라"(창 26:28). 그들은 하나님께서 함께 계신 명백한 증거들을 보았다고 말합니다. 흉년에 백 배나 거둔 일, 파는 곳마다 물이 나온 일, 그리고 계속해서 시비를 걸고 싸움을 붙여도 이삭이 양보하고 휘말리지 않은 일 등, 하나님이 함께 계신다는 확실한 증거를 본 것입니다. 여러분의 삶에도 주변 사람들도 인정할 수밖에 없는, 하나님이 함께 하시는 분명한 증거들이 가득하기를 바랍니다.

그러면서 아비멜렉은 "너는 우리를 해하지 않겠다고 맹세하라"고 합니다. 자신도 그를 범하지 않고 선한 일만 행하고 평안히 가게 하지 않았느냐고 이야기합니다. 이삭과 리브가를 보호해 주었던 것은 사실이지만, 결코 선한 일만 행한 것은 아니었습니다. 그들은 이삭을 시기하여 우물을 빼앗고 추방하기까지 했습니다. 이삭이 평안히 떠날 수 있었던 것도 그가 맞서 싸우지 않았기 때문입니다. 자신들의 잘못은 대충 얼버무리고, 여호와께 복을 받고 있는 이삭에게 관대한 처분과 호의를 구하고 있는 것입니다.

그렇다면 이삭은 어떻게 반응했을까요? 그는 잔치를 베풀어 그들을 대접합니다(창 26:30). 함께 먹고 마시고, 서로 맹세한 후에 평안히 돌려

보냅니다. "그때 나한테 왜 그랬냐, 왜 나에게 그렇게 했냐?"고 한마디 할 법도 한데, 이삭은 그냥 다 받아줍니다. "우리 아버지의 우물을 왜 다 메웠냐, 내가 우물을 팔 때마다 왜 쫓아와서 빼앗았냐, 그걸 다 되돌려 놓기 전에는 용서 못 한다"라고 하지 않고, 오히려 잔치를 베풀고 평안히 보냈다는 것입니다.

이삭이 내성적이고 소심해 보일 수 있지만, 이것은 소심함이 아니라 온유함입니다. 온유함(프라우테스 πραΰτης)이란 본래 "길들여진 야생마"를 뜻하는 단어입니다. 주인이 없는 야생마는 통제되지 않고 제멋대로 날뜁니다. 그러나 길들여진 야생마는 주인이 있습니다. 주인이 가라고 할 때만 움직입니다. 폭발적인 힘을 가지고 있지만 주인이 명령할 때만 그 힘을 사용합니다. 온유가 바로 그런 것입니다. 이삭은 아비멜렉보다 훨씬 강성하여 그를 응징할 만한 힘이 있었지만, 주인이 원하시지 않기에 그 힘을 사용하지 않은 것입니다. 오직 주인이 명령하실 때만 그 힘을 폭발시킵니다. 그래서 이삭은 잔치를 베풀고 평안히 보낸 것입니다.

그렇게 아비멜렉을 돌려보낸 바로 그날, 종들이 돌아와서 "우리가 물을 얻었나이다"(창 26:32)라고 보고합니다. 또 우물이 나왔습니다. 마치 하나님께서 이삭에게 잘했다고 칭찬하시며, "앞으로도 내가 너를 끝까지 책임져 주겠다"라고 말씀하시는 것처럼, 바로 그날 우물이 터져 나오는 것입니다.

정리하겠습니다. 첫 번째, 이삭은 참 소심한 사람이었습니다. 그 아버지 아브라함은 대범했습니다. 개척자였습니다. 다섯 나라 연합군도 못이긴 그돌라오멜 동맹군을 아브라함 혼자 사병을 이끌고 가서 상대합니다. 야간기습을 해서 승리를 거두고 빼앗긴 모든 것을 되찾아 왔던 사람입니다.

이삭의 아들 야곱도 한 번 마음 먹은 것은 무슨 수를 써서라도 이루고마는, 매우 강인하고 주도면밀한 사람입니다. 장자의 축복을 얻어내는 것이든, 사랑하는 라헬을 아내로 맞이하는 것이든, 라반의 양떼를 얻는 것이든, 심지어 천사와 씨름하는 것이든, 자신이 원하는 것을 반드시 손에 넣고야 맙니다.

하지만 이삭은 아버지 아브라함과 아들 야곱과는 달리, 다소 소심하고 추진력이 약한 인물이었습니다. 성경에서도 그의 이야기는 아브라함이나 야곱에 비해 상대적으로 적은 분량을 차지하고 있습니다. 그러나 놀랍게도 아브라함, 이삭, 야곱은 모두 동일한 복을 받았습니다. 하나님의 약속대로 말입니다. 오히려 이삭은 더 큰 복을 누렸는데, 흉년에도 백배나 되는 수확을 거두었고, 파는 곳마다 우물이 터져 나왔습니다.

조금 내성적이고 소심하다고 위축될 것 없습니다. 하나님께서 함께 하시면 똑같은 복, 아니 더 큰 복을 받습니다. 인간적인 기준으로는 좀 부족해 보이는 것 같아도 얼마든지 더 큰 복을 받을 수 있습니다. 성격에 따라 복을 받는 것이 아니고, 하나님께 순종하면 복을 받습니다. 성향, 기질, 집념, 근성, 이런 것보다 훨씬 더 중요한 것은 순종입니다. 하나님께 순종!

두 번째, 이삭이 물을 찾는 이야기는 그의 후손들에게도 계속됩니다. 이삭이 순종할 때 손대는 곳마다 물이 솟아 나왔던 것처럼, 그의 후손들 역시 순종할 때마다 물이 나올 것입니다. 생수가 흘러넘칠 것입니다. 출애굽 후 광야에서 이스라엘 백성들이 경험했던 것도 그것이었습니다. 반석에서든, 엘림에서든, 마라에서든, 그들이 하나님께 순종할 때마다 물이 나왔습니다.

그러나 이스라엘 백성은 그 귀중한 진리를 그만 놓치고 말았고, 결국 나라가 망할 때 하나님께서는 이렇게 탄식하십니다. "내 백성이 두 가지 악을 행하였나니 곧 그들이 생수의 근원되는 나를 버린 것과 스스로 웅덩이를 판 것인데 그것은 그 물을 가두지 못할 터진 웅덩이들이니라"(렘 2:13). 이스라엘 백성은 생수의 근원되신 하나님을 버렸습니다. 그리고 스스로 웅덩이를 팠습니다. 그러나 그 웅덩이는 물을 가두지 못하는 웅덩이, 터진 웅덩이였습니다.

여러분은 지금 어떤 상태입니까? 생수가 흘러넘칩니까, 아니면 메말라 있습니까? 생수의 근원이신 하나님을 버리고, 물 없는 웅덩이, 터진 웅덩이를 찾아 헤매지 않으십니까? 오늘 이삭에게서 배웁시다. 물은 하나님께서 주십니다. 우리가 하나님께 순종할 때 그곳이 어디든 생수가 터져 나오게 될 것입니다.

세 번째는 이삭에게서 찾을 수 있는 미덕은 바로 그의 온유함입니다. 이삭은 원래 소심하고 두려움이 많은 사람이었습니다. 자신의 아내를 누이라고 속이고 남몰래 껴안을 정도로 말입니다. 하지만 그랬던 사람이, 하나님 말씀에 순종하며 약속의 땅에 머무는 동안, 하나님께서 그와 함께하시고 복을 주시면서 점차 대담한 사람으로 변화합니다. 흉년에도 백 배나 되는 수확을 거두고, 파는 곳마다 물이 솟아나면서, 그는 점점 더 큰 확신과 자신감을 갖게 됩니다. 나중에는 자신에게 굴복하고 찾아온 적들에게도 기꺼이 잔치를 베풀어 줄 정도로 여유와 힘을 갖게 됩니다. 이삭은 힘이 없고 명분이 부족할 때뿐만 아니라, 충분히 싸울 힘과 명분이 있을 때조차 기꺼이 화목을 택합니다. 진짜 온유한 사람이 된 것입니다.

다윗도 온유한 사람이 땅을 차지한다고 노래합니다. "온유한 자들은 땅을 차지하며 풍성한 화평으로 즐거워하리로다"(시 37:11). 충성된 신하 다윗에게 창을 집어 던지며 폭력을 행사했던 사울과 힘과 명분이 있을 때에도 끝까지 사울을 죽이지 않았던 다윗 중, 누가 땅을 차지했습니까? 사울이 아니라 다윗입니다. 온유한 자가 땅을 차지한 것입니다. 예수님도 동일한 말씀을 하십니다. "온유한 자는 복이 있나니 그들이 땅을 기업으로 받을 것임이요"(마 5:5). 목소리가 크다고 이기는 것이 아닙니다. 힘을 과시하는 사람이 땅을 얻는 것도 아닙니다. 온유한 자가 땅을 얻습니다.

어떻게 이런 일이 가능할까요? 시편 76편은 이렇게 노래합니다. "곧 하나님이 땅의 모든 온유한 자를 구원하시려고 심판하러 일어나신 때에로다"(시 76:9). 하나님께서 일어나십니다. 하나님께서 일어나실 때, 모든 온유한 자를 구원하십니다. 그래서 하나님 없는 세상이라면 모를까, 하나님이 계신 세상에서는 온유한 자가 결국 땅을 차지합니다.

사랑하는 여러분, 하나님이 살아계십니다. 하나님께서 지시하시는 땅에 머물고, 하나님 말씀에 순종할 때 백 배나 복을 받습니다. 생수가 흘러넘칩니다. 내어줄 수 있고 져줄 수 있게 됩니다. 소심을 넘어 온유에 이르게 됩니다. 땅을 차지하게 됩니다. 하나님을 신뢰하십시오. 하나님께 순종하십시오. 소심한 사람들은 특히 하나님께 구하십시오. "소심을 넘어 온유한 사람이 되게 하옵소서." 이 말씀을 여러분의 말씀으로 받으시기 바랍니다.

눈이 어두워 • 창 26:34-28:9

"이삭이 나이가 많아 눈이 어두워 잘 보지를 못하더니 맏아들 에서를 불러 이르되 내 아들아 하매 그가 이르되 내가 여기 있나이다 하니"(창 27:1)

못 보는 이삭

창세기 27장은 "이삭이 나이가 많아 눈이 어두워 잘 보지 못했다"(창 27:1)는 말씀으로 시작합니다. 이삭은 노안으로 점점 시력을 잃게 되었고, 이제 더 이상 앞을 못 보게 되었습니다. "눈이 어두워 잘 보지 못했다"는 표현이 비단 육신의 눈만을 가리키지는 않을 것입니다. 성경은 종종 이런 표현을 사용합니다. 이러한 표현은 신명기에 기록된 모세의 마지막과도 연결됩니다. "모세가 죽을 때 나이 백이십 세였으나 그의 눈이 흐리지 아니하였고 기력이 쇠하지 아니하였더라"(신 34:7). 모세는 죽는 순간까지도 눈이 밝아 약속의 땅을 보며 하나님의 약속이 신실하다는 것을 확인했습니다. 또한 그의 영적 분별력은 마지막까지 흐려지지 않았으며, 지도자의 사명을 여호수아에게 넘겨주어 자신의 소명을 완수했습니다.

야곱도 마지막에 요셉의 두 아들을 축복할 때, 눈이 어두워 잘 보지 못했지만, 오른손으로 차자 에브라임을, 왼손으로 장자 므낫세를 축복했습니다. 요셉이 순서가 바뀌었다고 말했지만 야곱은 "나도 안다 내 아들아 나도 안다"(창 48:19)라고 하며 바꾸지 않았습니다. 야곱은 영적 분별력이 흐려지지 않았고, 출생 순서가 아니라 하나님의 뜻에 따라 축복하였습니다.

반면에, 이삭은 육적인 눈뿐만 아니라 영적인 눈까지 어두워진 모습을 보여줍니다. 그 첫 번째 예로 에서의 결혼을 들 수 있습니다. 에서는 사십 세에 헷 족속 브에리의 딸 유딧과 헷 족속 엘론의 딸 바스맛을 아내로 맞이합니다. 두 여자 모두 헷 족속, 가나안 사람이었으며, 두 명의 아내를 동시에 맞이하는 가나안 풍습을 그대로 따르고 있습니다.

에서가 사십 세니 그때 이삭은 백 세였을 것입니다. 이 나이는 그의 아버지 아브라함이 기적적으로 이삭을 얻었던 바로 그 나이입니다. 아브라함은 이러한 하나님의 놀라운 역사를 직접 경험했습니다. 또한 아브라함은 이삭의 아내를 얻기 위해 600km 떨어진 고향으로 가장 신뢰하는 종을 보낼 정도로, "결코 가나안 사람과 결혼해서는 안 된다"는 것을 중요한 가치이자 신념으로 삼았습니다. 그는 조카 롯이 가나안 사람들과 어울려 살다가 그들의 문화에 동화되는 과정을 똑똑히 지켜보았기 때문입니다.

그런데 이삭은 아브라함이 그렇게 소중히 여겼던 가치에 대해 부주의하고 경솔했습니다. 아브라함은 이삭의 아내를 얻기 위해 종에게 맹세까지 시켰던 것과 달리, 이삭은 에서의 배우자 선택에 아무런 역할도 하지 못했습니다.

이삭의 신앙적인 미덕 중 하나는 바로 일부일처제를 지켰다는 점입니다. 아브라함도 하갈을 얻었고, 야곱도 네 명의 아내가 있었지만, 족장 중 유일하게 이삭만 일부일처를 유지했습니다. 그런데 지금 그의 아들 에서는 두 명의 여자와 결혼하고 있습니다. 이삭은 이미 사라와 하갈의 갈등, 그리고 이복형제들 간의 질투와 경쟁을 통해 일부다처제가 가져오는 고통을 직접 경험했습니다. 그럼에도 불구하고, 그는 아들의 결혼에 대해 어떤 영향력도 행사하지 못하고 있는 것입니다.

"자식들이 좋다고 하는데 어떻게 말립니까"라고 생각할 수 있지만, 지금과는 상황이 달랐습니다. 당시의 결혼은 부모의 의사와 무관한 자유연애가 아니었습니다. 아버지는 곧 왕이자 제사장, 선지자의 역할을 했습니다. 이삭이 마음만 먹었다면 충분히 결혼을 중단시킬 수 있었다는 것입니다. "정 결혼하겠다면, 장자의 축복은 야곱에게 줄 수밖에 없다"라고 했다면 에서는 감히 결혼을 감행하지 못했을 것입니다. 그러나 이삭은 이 결혼을 묵인했습니다. 이것은 이삭이 영적으로 어두워져 있었음을 보여주는 동시에, 에서가 아브라함의 약속을 이을 자격이 없다는 사실을 명백히 드러내고 있습니다.

두 번째로, 이삭의 영적 어두움은 약속과 축복의 계승 문제에서 다시 드러납니다. 이삭은 에서가 가나안 여인과 결혼했음에도 불구하고, 그를 책망하기는커녕 오히려 축복하려고 합니다. "내가 죽기 전에 내 마음껏 네게 축복하게 하라"(창 27:4). '죽기 전에'와 '마음껏'에 주목해 보십시오. 이 표현은 그가 에서에게 아낌없이 모든 축복을 다 물려주고 싶어 했음을 보여줍니다. 단순히 축복기도를 한번 해 주겠다는 것이 아닙니다. 아브라함의 약속과 복을 에서에게 계승하는 상속의식을 치르겠다는 것입니다.

구약의 다른 사례들을 보면, 죽음을 앞둔 사람이 모든 남자 친척을 불러 공개적으로 축복했습니다. 야곱도 열두 아들을 모두 모아놓고 공개적으로 축복하고 상속했습니다. 하지만 이삭은 달랐습니다. 그는 이 의식을 에서하고만 단둘이 비밀스럽게 진행하려고 했습니다.

이미 에서는 약속의 후계자가 될 자격이 없다는 것이 명백히 드러났습니다. 게다가 하나님께서는 리브가에게 "큰 자가 어린 자를 섬기리라"고 말씀하시며 야곱에게 약속을 계승시키겠다는 뜻을 분명히 하셨습니다. 그런데도 이삭은 하나님의 뜻을 거스르고 에서에게 축복을 주려 합니다. 이는 이삭의 영적 분별력이 흐려졌음을 보여줍니다. 그래서 그는 자기 장막에서 에서와 단둘이 몰래 의식을 치르려 했던 것입니다. 나이가 들수록 고집이 세진다고 하는데, 이삭은 지금 하나님의 뜻보다 자신의 생각을 관철하려는 고집을 부리고 있습니다. 이삭의 영적인 눈이 정말로 어두워졌습니다.

잘 듣는 리브가

이 모든 이야기를 리브가가 듣게 됩니다. 눈앞에 있는 사람조차 제대로 알아보지 못하는 이삭과 달리, 리브가는 장막 문 밖에서 이 모든 상황을 생생하게 듣고 있었습니다. 이삭이 일을 꾸민 것처럼, 리브가 역시 일을 꾸미기 시작합니다. 성경은 지금 이 가정의 상황을 다음과 같이 묘사하고 있습니다.

에서는 이삭의 아들이고, 야곱은 리브가의 아들입니다! 지금 이 가정은 이삭–에서, 리브가–야곱, 두 패로 완전히 분리되어 버렸습니다.

리브가가 야곱을 불러 말합니다. "네 아버지가 에서에게 복을 계승하려고 한다. 너는 내가 명령하는 대로 하라." '명령하다(차와 צָוָה)'가 여성 주어와 함께 쓰이는 것은 아주 드문 일입니다. 이것은 구약에서 동사의 여성형 분사가 사용된 유일한 사례입니다. 이는 리브가가 자신의 어머니로서의 권위를 내세워 야곱이 따를 수밖에 없도록 명령했다는 것을 보여줍니다. "염소 떼에 가서 거기서 좋은 염소 새끼 두 마리를 내게로 가져오면 내가 그것으로 네 아버지를 위하여 그가 즐기시는 별미를 만들리니 네가 그것을 네 아버지께 가져다 드려서 그가 죽기 전에 네게 축복하기 위하여 잡수시게 하라"(창 27:9–10).

이삭의 입맛을 가장 잘 아는 사람이 누구일까요? 그의 아내 리브가일 것입니다. 리브가는 야곱에게 "내가 아버지가 즐기시는 별미를 만들 테니, 네가 에서인 척하고 가서 축복을 받아라"고 말합니다. 하지만 죄는 또 다른 죄를 낳는 법입니다. 이삭과 리브가는 이 문제를 서로 상의하지 않았습니다. 만약 그들이 "큰 자가 어린 자를 섬기리라"는 하나님의 말씀과 형제 간의 경쟁에 대해 함께 고민하며 하나님의 뜻을 찾으려 했다면 어땠을까요? 안타깝게도 이삭은 몰래 에서와 일을 꾸몄고, 리브가 역시 몰래 야곱과 일을 꾸몄습니다.

어머니의 제안, 혹은 명령을 들은 야곱은 어떻게 반응했을까요? "어머니, 이런 방법으로는 하나님의 복을 받을 수 없습니다. 아브라함의 복과 약속을 계승하려면 아브라함과 같은 순종과 믿음이 필요합니다"라고 말했을까요? 야곱은 그런 사람이 아니었습니다. 그는 형의 배고픈 약점을 이용해 장자의 명분을 가로챈 사람이었습니다. 다만 야곱이 주저했던 이유는 단 한 가지, 계획이 발각되었을 때의 염려 때문이었습니다.

성경은 눈먼 사람을 속이는 자에게 저주를 선언하고 있습니다(신 27:18). 그렇다면 눈먼 아버지를 속이는 사람은 어떨까요? 야곱이 망설였던 이유는, 바로 눈먼 아버지를 속인 죄로 인해 자신에게 저주가 임할까 두려워했기 때문입니다. "내 형 에서는 털이 많은 사람이요 나는 매끈매끈한 사람인즉 아버지께서 나를 만지실진대 내가 아버지의 눈에 속이는 자로 보일지라 복은 고사하고 저주를 받을까 하나이다"(창 27:11-12).

"너의 저주는 내게로 돌리리니 내 말만 따르고 가서 가져오라"(창 27:13). 만약 일이 잘못되어 이삭이 복 대신 저주를 내린다면, 그 모든 저주를 자신이 받겠다고 리브가는 말합니다. "모든 책임을 내가 질 테니, 너는 안심하고 내 말만 따르라"고 재촉하며 야곱을 보냅니다. 야곱이 염소 새끼를 가져오자 리브가는 그것으로 별미를 만들고, 에서의 좋은 의복을 가져와 야곱에게 입힙니다. 또한, 염소 새끼 가죽으로 야곱의 매끈한 손과 목을 덮어 완벽하게 에서로 위장시킵니다. 그렇게 야곱은 음식을 들고 이삭의 장막으로 들어갑니다.

속이는 야곱

이삭이 과연 속았을까요? 이 장면에서 이삭은 여덟 번 말하고 야곱은 네 번 대답합니다. 수동적으로 어머니의 지시를 따르던 야곱은, 아버지 이삭의 집요한 확인이 시작되자, 이제부터는 필사적으로 에서의 흉내를 냅니다.

"내 아버지여!"

"내 아들아, 네가 누구냐?"

"나는 아버지의 맏아들 에서로소이다… 사냥한 고기를 잡수시고 아버지 마음껏 내게 축복하소서."

이삭은 의심이 들었습니다.

“내 아들아 네가 어떻게 이같이 속히 잡았느냐?”

“아버지의 하나님 여호와께서 나로 순조롭게 만나게 하셨음이니이다.”

야곱은 아버지를 속이기 위해 이제 하나님까지 이용합니다.

“가까이 오라 네가 과연 내 아들 에서인지 아닌지 내가 너를 만져보려 하노라.”

야곱의 정체가 탄로 날 위기입니다. 야곱은 얼마나 떨렸을까요? 이삭이 야곱의 손을 만져보니 정말 에서의 손처럼 털이 있었습니다. 리브가는 남편의 행동을 거의 완벽하게 예측하고 있었던 것 같습니다.

“음성은 야곱의 음성이나 손은 에서의 손이로다.”

그럼에도 이삭은 다시 한번 더 확인합니다.

“네가 참 내 아들 에서냐?”

“그러하니이다.”

이삭은 마침내 야곱이 가져온 고기를 먹었습니다. 마지막으로 이삭은 야곱에게 더 가까이 와서 입맞추라고 말합니다. 재차, 삼차 에서임을 확인하려는 것입니다. 야곱이 입 맞출 때, 이삭은 그 옷에서 풍기는 냄새를 맡았습니다. 에서의 냄새를 확인한 후에야 비로소 이삭은 야곱에게 축복합니다.

자식을 사랑하고 축복하려는 부모의 마음은 누구나 같겠지만, 이삭의 축복은 아브라함의 축복과는 조금 달랐습니다. 아브라함의 축복이 하늘의 별처럼 많은 후손과 약속의 땅에 대한 것이었다면, 이삭이 야곱에게 준 축복은 기름짐, 풍요, 높아짐, 그리고 다스림에 관한 내용이었습니다. 이삭이 사랑하는 아들 에서에게 그토록 주고 싶어 했던 복은, 사실 하나님께서 아브라함에게 약속하셨던 복이라기보다는 세속적인 복에 가깝습니다. 이삭의 영적인 눈이 얼마나 어두워져 있었는지 다시 한번 확인할 수 있습니다.

게다가 이삭은 "네가 형제들의 주가 되고 네 어머니의 아들들이 네게 굴복하며"(창 27:29)라고 축복했는데, 이는 "큰 자가 어린 자를 섬기리라"(창

25:23)는 하나님의 말씀과도 정면으로 배치됩니다. 하나님은 에서가 야곱을 섬길 것이라고 하셨는데, 이삭은 하나님의 뜻과 정반대로 야곱이 에서를 섬기게 될 것을 축복했던 것입니다.

의식만 치른다고 해서 복이 계승될까요? 하나님의 뜻이 아닌데도, 축복 의식을 행하기만 하면 에서가 무조건 복을 받을 수 있습니까? 복은 하나님이 주시는 것 아닙니까? 이삭이 지금 이 정도로 영적으로 어두워져 있었던 것입니다.

젊은 시절 그토록 하나님께 순종했던 이삭이, 이제는 이렇게까지 불순종하게 되었습니다. 하나님의 뜻을 정면으로 거스르는 선택을 합니다. 그는 흉년에도 약속의 땅에 머물라는 말씀에 순종하기 위해, 농사도 짓고, 그랄 골짜기로 옮겨가서 참고, 인내하고, 양보했던 사람이었습니다. 흉년에 백 배나 거두고, 파는 곳마다 물이 솟아나는 기적을 체험했던 바로 그 순종의 사람이, 이렇게까지 불순종을 합니다.

우리는 늘 깨어 있어야 합니다. 많은 분들이 나이가 들어 병에 걸리거나, 치매에 걸릴까 봐 걱정합니다. 물론, 그것도 중요하지만, 우리 그리스도인들이 정말 걱정하고 기도해야 할 것은, 나이가 들어 믿음을 잃어버리거나, 영적 분별력을 잃어버리는 것입니다.

치를 떠는 에서

이삭이 나가고 진짜 에서가 들어옵니다.

"너는 누구냐?"

"나는 아버지의 아들 곧 아버지의 맏아들 에서로소이다."

이삭은 큰 충격에 빠졌습니다. 심히 크게 떨었습니다(창 27:33). 통제할 수 없는 떨림에 사로잡혀 부들부들 떨었습니다.

"그러면 사냥한 고기를 내게 가져온 자가 누구냐 내가 그를 축복하였은즉 그가 반드시 복을 받을 것이니라."

에서가 큰 소리로 울고 비명을 질렀습니다. 아버지의 떨림과 아들의 비명이 장막 안에 가득했습니다.

"내 아버지여, 내게도 축복하소서 내게도 그리하소서."

에서는 결심합니다.

"아버지가 돌아가시면 야곱을 죽이리라."

이 말을 들은 리브가는 다시 한번 야곱과 이삭을 조종해서 움직입니다.

리브가는 이번에도 야곱에게 자신의 말을 따르라고 합니다. 에서의 분노가 가라앉을 때까지 야곱을 자신의 친정으로 피신시켰다가 다시 데려오려고 한 것입니다. 리브가는 그것이 며칠이면 충분할 것이라고 생각했지만, 그녀의 생각대로 되지 않습니다. 예상과 달리 야곱은 20년이 지난 후에야 돌아오게 됩니다.

리브가는 야곱을 설득한 후 남편 이삭을 찾아갑니다. 에서가 이방 여인들과 결혼한 것 때문에 심령이 쓰라린데, 야곱마저 여기서 이방 여인과 결혼한다면 삶에 아무 낙이 없을 것이라고 말했습니다.

이삭은 리브가의 말에 따라 야곱을 불러서 당부합니다. 그는 과거 아버지 아브라함이 했던 말을 되풀이하며, "가나안 사람의 딸들 중에서 아내를 맞이하지 말고", "네 외삼촌 라반의 딸 중에서 아내를 맞이하라"고 말합니다. 그리고 야곱을 축복합니다.

는 땅을 네가 차지하게 하시기를 원하노라"(창 28:3-4)

이 축복을 보십시오. 이것이 진정한 아브라함의 축복입니다. 이삭은 야곱을 보내면서 저항할 수 없는 하나님의 섭리에 항복합니다. 하나님이 아브라함에게 주셨고, 아브라함이 이삭 자신에게 주었던 바로 그 축복을 이제 야곱에게 줍니다.

침묵하시는 하나님

이상한 것은 하나님께서 개입하지 않으신다는 것입니다. 때로는 이렇게 침묵하심으로 하나님께서 일하시기도 합니다. 하나님의 침묵 덕분에 이 가정의 실상이 드러나게 된 것입니다.

하나님의 뜻을 분명히 알면서도 결국 자신의 뜻을 관철하려 했던 **이삭**

하나님께 야곱이 축복을 이을 것이라는 약속을 받았지만, 하나님을 신뢰하여 기다리지 못하고 거짓과 속임수를 쓴 **리브가**

장자의 명분은 가볍게 여겼으면서도, 정작 축복을 받지 못하자 야곱을 죽이려 마음먹는 **에서**

형의 옷을 입고 목소리까지 흉내내며, 과연 이런 식으로 하나님의 복을 받는 것이 옳은지 고민하기보다, 들킬까 염려하며 아버지에게 들어가 여러분, 하나님이 가만히 계실 때 진짜 내 모습이 드러나게 됩니다.

예를 들어, "하나님, 지금 돈이 필요합니다"라고 기도했는데 하나님이 침묵하실 때가 있습니다. 그때, 어떤 사람은 하나님을 신뢰하며 기다리지만, 또 어떤 사람은 불안하고 초조한 마음에 결국 도둑질까지 하게 됩니다. 가족의 돈, 이웃의 돈, 심지어 회사나 나라의 돈에까지 손을 대는 것입니다. 하나님께서 바로 응답하셨다면 결코 드러나지 않았을 내 마음 깊은 곳, 내 중심이 하나님의 침묵하심으로 드러나게 되는 것입니다.

하나님이 지금 침묵하고 계시다면, 자신의 모습을 돌아보십시오. "나는 지금 어떻게 행동하고 있는가? 하나님을 신뢰하며 기다리고 있는가, 아니면 하나님의 뜻과 방법을 믿지 못하고 나의 뜻과 방법을 사용하고 있는가?"

정리하겠습니다. 이삭은 눈이 어두워져 분별력이 흐려지고, 하나님의 뜻과 정반대의 결정을 내리며 죄를 묵인합니다. 죄는 또 다른 죄를 낳기 때문에 이 집안 전체에 죄악의 역사가 시작됩니다. 리브가도 본성대로 남편을 속이고 큰아들을 배제하고 축복을 가로챕니다. 야곱 역시 본성대로 아버지를 속이고 복을 훔칩니다. 더 나아가 에서는 야곱을 죽이기로 결심합니다.

죄는 열매 맺습니다. 이삭의 가정은 깨어지고, 형제가 원수가 됩니다. 리브가는 다시는 야곱을 보지 못합니다. 아마도 리브가는 이후에 이 집 안에서 이삭과 에서에게 외면당하며 외롭게 남은 생을 보냈을 것입니다. 에서는 약속의 계보에서 벗어나 구원의 역사에서 사라지게 됩니다. 야곱 역시 거짓말의 열매를 거둡니다. 훗날 자기 인생을 회고하면서 참으로 험악한 세월을 보냈다고 합니다. 형 에서에게 용서를 구하며 모든 축복 을 돌려주고 화해할 때까지 야곱은 지옥 같은 고통을 겪습니다.

여러분, 이삭은 한때 얼마나 순종의 사람이었습니까? 그러나 지금은 영적으로 얼마나 어두워져 있습니까? "하나님, 우리가 젊은 날 한때 순 종했던 것으로 만족하지 말고, 나이가 들어도 영적인 눈이 어두워져 영 적 분별력을 잃지 않고, 오직 하나님의 말씀대로 사는 복된 가정을 세워 가도록 축복해 주옵소서." 오늘 이 말씀을 믿음으로 받으시기 바랍니다.

캄캄한 밤 벧엘에서 • 창 28:10-22

"내가 너와 함께 있어 네가 어디로 가든지 너를 지키며 너를 이끌어 이 땅으로 돌아오게 할지라 내가 네게 허락한 것을 다 이루기까지 너를 떠나지 아니하리라 하신지라"(창 28:15)

야곱, 집을 떠나다

장자의 축복을 받아서 복된 미래를 보장받으려던 야곱은 계획과 달리 형 에서의 분노를 피해 도망치는, 도망자 신세가 됩니다. 그렇게 도망치다 해 질 무렵, '벧엘'이라는 곳에 이르렀습니다. 지도를 보십시오.

지금 야곱이 있는 곳은 브엘세바이고, 외삼촌 라반이 사는 하란까지는 직선거리로 600km, 실제 길을 따라가면 900km나 되는 아주 먼 거리입니다.

야곱은 하란을 목적지로 삼고 브엘세바에서 출발해서 그날 저녁에 벧엘에 도착하게 됩니다. 브엘세바에서 벧엘까지는 약 90km인데, 보통 사람이 한 시간에 4km 정도 걷는 것을 감안하면 꼬박 22시간을 걸어야 갈

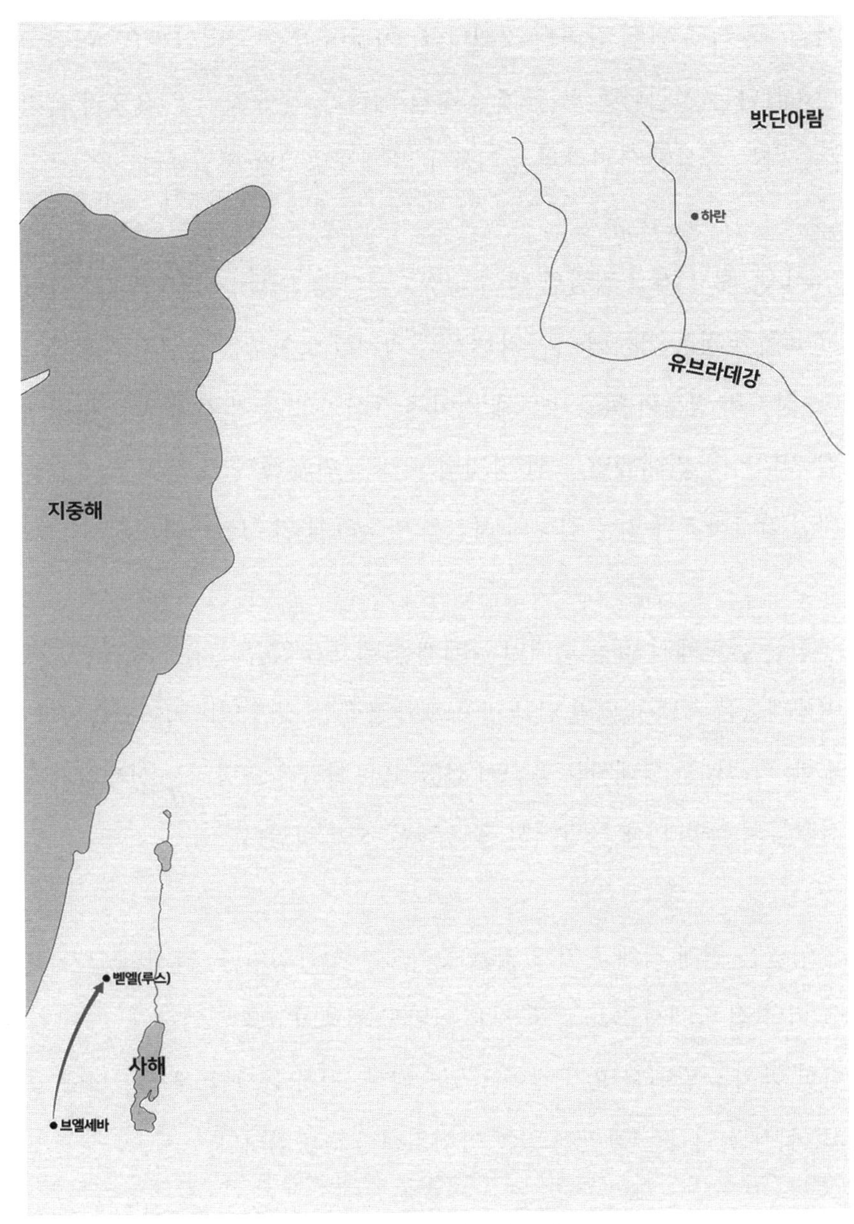

〈지도 4. 벧엘에서 유숙하다〉

수 있는 거리입니다. 그런데 야곱은 이 거리를 아침에 출발해서 해 질 때까지, 즉 하루 만에 갔다는 것입니다. 이것이 무슨 의미일까요? 야곱이 달려갔다는 것입니다. 사냥에 익숙한 에서가 언제 자기를 잡으러 올지 모른다는 극심한 불안감과 두려움에 떨며 도망쳤던 것입니다.

이제, 해가 지고 캄캄한 밤이 되었습니다(창 28:11). 성경이 해가 졌다고 표현한 것은 어쩌면 야곱의 마음과 처지를 보여주는 것일지도 모릅니다. 장자의 명분과 복을 가로채고 이제 자신이 모든 복을 다 받아 누리게 될 것이라고 기대했던 그의 장밋빛 미래는 암흑 속으로 사라졌습니다. 대신 캄캄하고 두려운 절망의 시간을 마주하게 된 것입니다.

그는 들판에서 밤을 보내며 돌베개를 베고 누웠습니다(창 28:11). 당시 여행객들은 저녁이 되면 인근 마을로 가서 묵는 것이 일반적이었습니다. 또한, 나그네를 환대하는 풍습이 있었지만, 야곱은 도망치는 신세였기에 사람들의 눈을 피해 들판에서 홀로 잠을 청한 것입니다.

야곱은 원래 집에 혼자 있기를 좋아하는 사람입니다. 그래서 그가 집을 떠나 집 밖에서 홀로 잠든 것은 아마도 처음이었을 것입니다. 그는 캄캄한 밤에 들판에서 혼자 잠이 들었습니다. 지금 들사람 에서는 집에 있고, 집사람 야곱은 들판에 있는 아이러니한 상황입니다.

돌베개를 베고 잠을 청한 야곱은, 얼마나 고단했던지 돌을 베고 자는

데도 깊은 잠에 빠져들고 말았습니다. 여러분 중에 여행을 갈 때 다른 베개를 베면 잠을 못 자서 베개를 가지고 다니는 분들이 계실 수도 있습니다. 그런데 이 야곱은 그날 하루가 너무 힘들었기에 돌을 베고서도 곧바로 잠이 들었던 것입니다. 사랑하는 어머니 리브가의 보호도 없이 캄캄한 들판에서 홀로 돌베개를 베고 깊은 잠에 빠져들었습니다.

야곱, 꿈 꾸다

그런데 그날 밤, 야곱은 놀라운 꿈을 꾸게 됩니다. 꿈속에서 땅에서부터 하늘 꼭대기까지 닿아 있는 사닥다리를 보게 됩니다. 우리 성경에 "사닥다리"로 번역되었지만, 사실은 계단에 가깝습니다. 계단이 땅에서부터 하늘 꼭대기까지 닿아 있었다는 것입니다. 이것은 당시 그 지역에서 흔히 볼 수 있었던 지구라트와 관련이 있을 수 있습니다. 지구라트는 땅에서 하늘로 층층이 쌓아 올린 거대한 계단식 건축물인데, 우르에서 발굴된 지구라트는 기원전 2,300년경의 것으로 추정됩니다. 아브라함 시대가 기원전 2,000년경이니, 야곱이 꿈에서 본 계단은 당시 사람들이 하늘과 땅을 잇는 통로로 생각했던 지구라트와 유사한 모습이었을 것입니다.

땅에서 하늘 꼭대기까지 이어진 이 계단은 신과 만나기 위해 만들어진 통로였을 것입니다. 야곱이 꿈에서 본 것이 바로 이런 모습이었을 가능성이 높습니다. 지금껏 땅의 것만 바라보며 살아왔던 야곱이 처음으로 땅과 하늘이 분리된 것이 아니라 서로 연결되어 있다는 사실을 깨닫게 된 것입니다.

예수님은 이 말씀을 그대로 가져다가 이렇게 말씀하셨습니다. "하늘이 열리고 하나님의 사자들이 인자 위에 오르락내리락하는 것을 보리라"(요 1:51). 야곱의 꿈속에서는 천사가 계단 위에 오르락내리락했는데, 예수님의 말씀에서는 하나님의 사자들이 인자 위에 오르락내리락한다고 합니다. 예수님은 "내가 바로 그 계단, 그 사다리이며, 하늘과 땅을 연결하는 연결고리이다"라고 말씀하신 것입니다.

〈그림 1. 야곱의 사다리〉

이 그림은 1805년 화가 윌리엄 블레이크가 그린 "야곱의 사다리"라는 작품입니다. 현재 대영박물관에 소장되어 있으며, 땅에서 하늘까지 길게 이어진 계단 위로 천사들이 오르내리는 모습을 묘사하고 있습니다.

랍비들은 각 지역마다 그 지역을 지키는 천사들이 있다고 가르쳤습니다. 그래서 사다리 위에 올라가는 천사들은 바로 가나안 땅을 지키는 천사들인데, 자기 할 일을 다 마치고 하나님께 보고하러 간다는 것입니다. 반면에 내려오는 천사들은 하란 땅을 지키는 천사들인데, 새로운 임무를 받아서 내려오고 있다는 것입니다. 그 새로운 임무는 가나안 경계를 벗어나 하란으로 가는 야곱을 가서 지키라는 것입니다.

하나님이 지금 야곱의 꿈에서 보여주시는 것이 무엇입니까? 하늘과 땅이 연결되어 있으며, 하나님의 천사들이 가나안 땅에서뿐 아니라 앞으로의 모든 여정에서도 야곱을 지켜준다는 것입니다. 집을 떠나 홀로 들판에서 돌베개를 베고 잠을 청하는 야곱에게 하나님이 보여주신 것은, 그가 혼자가 아니며 하나님의 천사가 늘 함께하며 지켜주고 있다는 것입니다.

하나님, 축복하시다

꿈에서 하늘까지 이어진 계단과 그 위를 오르락내리락하는 천사들을 보았습니다. 그런데 그 계단 꼭대기에 누가 계셨습니까? 그 위 꼭대기에 하나님이 계셨습니다. 하나님이 야곱을 향해서 입을 열어 말씀하셨습니다. 하나님이 무엇이라고 말씀하셨을까요?

야곱은 하나님께서 "이놈아, 왜 아버지를 속이고 형의 복을 빼앗아 여기까지 와서 이 고생을 하느냐"하고 호되게 꾸짖으실 줄 알았습니다. 하지만 하나님은 야곱의 예상과 전혀 다른 말씀을 하셨습니다. 이 모든 고

난이 자기 잘못으로 인해 초래된 것임에도 불구하고, 하나님은 야곱에게 이렇게 말씀하셨습니다. "또 본즉 여호와께서 그 위에 서서 이르시되 나는 여호와니 너의 조부 아브라함의 하나님이요 이삭의 하나님이라 네가 누워 있는 땅을 내가 너와 네 자손에게 주리니 네 자손이 땅의 티끌같이 되어 네가 서쪽과 동쪽과 북쪽과 남쪽으로 퍼져나갈지며 땅의 모든 족속이 너와 네 자손으로 말미암아 복을 받으리라"(창 28:13-14).

하나님은 먼저 자신을 이렇게 소개하셨습니다. "나는 너의 할아버지 아브라함의 하나님이요, 너의 아버지 이삭의 하나님이다." 이 말을 들을 때 야곱은 양심에 찔렸을 것입니다. 왜냐하면 할아버지로부터 계승된 복을 받으려고 아버지를 속이고 도망쳐 온 자신에게 할아버지와 아버지의 하나님이 나타나셨기 때문입니다. '하나님이 나에게 뭐라고 하실까? 무슨 책망을 하시고 무슨 벌을 내리실까?' 야곱은 두려웠을 것입니다.

그런데 놀랍게도 그 아버지의 하나님이 오히려 야곱을 축복해 주십니다. 하나님은 야곱에게 세 가지 축복을 약속해 주시는데, 첫 번째는 그가 누워 있는 땅을 그와 그 자손에게 줄 것이라는, 땅에 대한 약속입니다. 두 번째는 그의 자손을 티끌같이 많게 해 주겠다는 자손 번성의 약속입니다. 세 번째는 천하 만민이 그의 자손으로 말미암아 복을 받을 것이라는, 복의 근원이 될 것을 약속해 주십니다.

아브라함에게 주셨던 축복을 기억하시나요? 바로 이 세 가지, 땅과 씨와 복의 근원입니다. 이것이 바로 하나님이 아브라함에게 주셨던 복이고, 아브라함이 이삭에게, 다시 이삭에게서 야곱에게로 이어진 복입니다. 야곱이 아버지를 왜 속이고, 왜 형의 흉내를 냈습니까? 이 복을 받고 싶어서 속인 것입니다. 그런데 하나님은 야곱을 보자마자 이 복을 약속해 주셨습니다. 하나님은 처음부터 이 복을 야곱에게 주려고 하셨습니다. 야곱이 하나님을 신뢰하고 조금만 더 기다렸더라면 어땠을까요? 그랬더라면 이 가정의 상황이 많이 달라지지 않았을까 하는 아쉬움이 남습니다.

하나님께서 야곱에게 땅과 씨와 복의 근원이 되는 것을 약속해 주셨습니다. 그런데 땅과 복의 근원에 관한 약속은 이전의 약속과 같은데, 씨에 대한 약속은 조금 다릅니다. 하나님은 보통 "하늘의 별과 같은 자손"을 주시겠다고 약속하셨는데, 야곱에게는 "땅의 티끌 같은 자손"을 준다고 하시며, 그의 자손이 동서남북으로 퍼져 나갈 것이라고 말씀하십니다(창 28:14).

그런데 하나님께서 땅의 티끌 같은 자손을 주겠다고 말씀하신 적이 딱 한 번 있었는데, 바로 아브라함에게였습니다. "롯이 아브람을 떠난 후에 여호와께서 아브람에게 이르시되 너는 눈을 들어 너 있는 곳에서 북쪽과 남쪽과 그리고 동쪽과 서쪽을 바라보라. 보이는 땅을 내가 너와 네 자손에게 주리니 영원히 이르리라. 내가 네 자손이 땅의 티끌 같게 하리니 사람이 땅의 티끌을 셀 수 있을진대 네 자손도 세리라"(창 13:14-16).

하나님은 아브라함에게 "네 자손을 땅의 티끌 같게 하고, 너와 네 자손이 동서남북으로 뻗어나갈 것이다"라고 말씀하십니다. 이때가 언제였습니까? "롯이 아브람을 떠난 후"입니다. 롯이 아브람을 떠났을 때, 아브라함은 아직 자식이 없었습니다. 조카 롯을 자식처럼 키우고 있던 때였습니다. 그런데 이 롯이 소돔을 향해서 떠나갔습니다. 아브람이 혼자 남게 되어 매우 외롭고 허전할 때, 하나님께서 나타나셔서 하신 말씀입니다.

"네 자손을 땅의 티끌처럼 많게 해 줄 것이다. 이 땅 동서남북으로 가득 퍼져 나가게 해 줄 것이다. 외로워하지 말아라. 두려워하지 말아라. 절망하지 말아라." 아브라함이 홀로 남아 외로웠을 때 주신 말씀을, 지금 한참 외롭고 두려운 야곱에게 하시는 것입니다. 집을 떠나서 혼자 있는 야곱에게 "걱정하지 마라. 네 자손이 땅의 티끌과 같이 퍼져 나가게 될 것이다. 절망하지 말아라"라고 말씀하시는 것입니다. 아브라함은 저 말씀을 들었을 때 결혼은 했지만 아직 자식이 없었습니다. 하지만 나중에는 정말 하나님의 말씀이 그대로 성취됩니다. 이삭을 낳고, 이삭은 또 에서와 야곱을 낳았습니다. 야곱 자신이 그 성취의 증거였습니다. 야곱은 아직 결혼도 하지 않았습니다. 그런데도 하나님께서는 똑같은 약속을 주시는 것입니다. 이 약속은 분명한 미래를 보장해 주시는 것이었습니다.

하나님, 약속하시다

하나님은 세 가지 축복 외에, 세 가지 약속을 더 주십니다. "내가 너와 함께 있어 네가 어디로 가든지 너를 지키며 너를 이끌어 이 땅으로 돌아오게 할지라 내가 네게 허락한 것을 다 이루기까지 너를 떠나지 아니하리라 하신지라"(창 28:15).

첫 번째 약속은 "내가 너와 함께 있어" 계속 동행해 주겠다는 것입니다. "임마누엘"의 뜻처럼 함께 해 주시겠다는 것입니다. 두 번째는, "네가 어디로 가든지 너를 지키며" 안전하게 보호해 주시겠다는 약속입니다. 지금 이 들판에서 누가 야곱을 지켜줄 수 있습니까? 바로 하나님이십니다. 하나님께서 야곱이 어디로 가든지 지켜주신다는 것입니다. 세 번째는, "너를 이끌어 이 땅으로 돌아오게 할지라"라고 무사 귀환을 약속하셨습니다. 하나님께서는 이 세 가지 약속 "동행", "보호", "귀환"을 다 이룰 때까지 결코 야곱을 떠나지 않겠다고 말씀하셨습니다.

하나님께서 야곱을 만나 그에게 주신 복과 약속들을 한번 잘 살펴보십시오. 하나님은 야곱에게 아브라함과 이삭의 축복, 즉 장자의 축복을 허락하셨습니다. 그리고 그에게 동행, 보호, 귀환이라는 세 가지 약속까지 더해 주셨습니다.

사실 이 모든 일은 야곱의 실수와 죄로 인해 벌어진 일입니다. 그런데도 하나님은 야곱에게 이런 약속을 주셨습니다. 과연 야곱이 이런 약속을 받을 자격이 있을까요? 이 이야기를 아버지 이삭에게 했다면, 아버지는 "하나님이 너한테 그렇게 말씀하셨다고? 책망하거나 꾸짖지 않으시고? 네가 아버지를 속였다고 야단치지 않으시고?"라며 비웃었을지도 모릅니다. 형 에서 역시 "너 같은 놈에게 하나님이 나타나서 이런 약속을 했다고? 말도 안 돼"라며 비웃었을 것입니다. 하지만 하나님은 도망치는 야곱에게 나타나셔서 이 복과 약속을 허락해 주셨습니다.

창세기에 나오는 족장들은 신기하게도 모두 부모를 떠났을 때 하나님을 만납니다. 아브라함은 본토, 친척, 아비의 집을 떠나고 나서야 하나님을 만났고, 이삭도 결혼 후 20년간 자식이 없어 기도할 때 비로소 하나님을 경험했습니다. 야곱 역시 사랑하는 어머니를 떠났을 때, 그리고 요셉도 자신을 아끼던 아버지의 품을 떠났을 때 비로소 하나님을 만났습니다.

자신의 잘못으로 모든 것을 망치고 도망치던 야곱. 외롭고 무서운 밤, 캄캄한 들판에서 돌을 베고 잠이 들었을 때 하나님이 그를 찾아오셨습니다. 그리고 그에게 축복과 약속을 주셨습니다. 우리의 인생길과 우리 아이들의 삶에도 그런 순간이 찾아올 수 있습니다. 외로움과 두려움으로 가득한 캄캄한 밤, 돌베개를 베고 누워 있을 때 하나님께서 우리를 찾아와 주실 줄 믿습니다. 하나님은 "내가 너와 함께할 것이다", "너를 지켜줄 것이다", "무사히 돌아오게 할 것이다"라는 귀한 약속을 주실 것입니다.

우리가 여기에서 배우는 또 한 가지 교훈은, 부모가 너무 앞서서 아이들을 도와주면 오히려 아이들이 하나님을 만날 기회를 잃게 된다는 것입니다. 이는 누에고치 속 번데기 이야기와 같습니다. 번데기가 고치 밖으로 나오려 몸부림치는 것이 힘들어 보여 고치를 벗겨주면, 그 나비는 결국 날지 못하게 됩니다. 마찬가지로, 우리는 아이들이 하나님 앞에서 고통을 겪고, 울면서 기도하며 하나님의 도움을 경험할 기회를 빼앗아서는 안 됩니다. 모든 것을 대신해 주는 부모의 태도는 아이들이 스스로 성장할 수 있는 소중한 기회를 막는 것입니다.

야곱, 서원하다

야곱은 이제 잠에서 깼습니다. 깨어나 처음으로 하나님을 인식하고 깨달았습니다. "아, 여기에 하나님이 계시는구나! 하나님은 우리 집이나, 할아버지, 아버지에게만 계시는 줄 알았는데, 헤브론이나 브엘세바에만 계시는 줄 알았는데, 여기에도 하나님이 계시는구나. 여기가 바로 하나님의 집이자 하늘의 문이구나"라고 말입니다. 그는 이 세상 모든 곳이 하나님이 계시는 하나님의 집임을 깨닫게 되었습니다.

야곱은 일어나 베고 자던 돌로 기둥을 세우고 거기에 기름을 부었습니다. 돌기둥은 고대 근동에서는 약속의 증표이자 협약의 증표였습니다. 나중에 야곱이 라반의 집을 떠날 때, 라반이 그를 쫓아옵니다. 그때 하나님이 라반을 막아주셔서, 둘은 서로 침범하지 않겠다는 불가침 조약을 맺고 돌기둥을 세웁니다. 이처럼 돌기둥은 약속을 상징합니다. 또한 이스라엘 12지파가 시내산에서 하나님과 언약을 맺을 때도 각 지파마다 돌기둥 하나씩, 총 열두 돌기둥을 세웁니다. 지금 야곱이 세우는 돌기둥도 하나님과 맺은 약속의 증표인 셈입니다.

야곱은 그 돌기둥에 기름을 부었는데, 이는 정화와 헌신, 즉 하나님께 바친다는 의미를 담고 있습니다. 돌기둥을 세운 후, 야곱은 하나님께 약속을 드립니다. "야곱이 서원하여 이르되 하나님이 나와 함께 계셔서 내가 가는 이 길에서 나를 지키시고 먹을 떡과 입을 옷을 주시어 내가 평안히 아버지 집으로 돌아가게 하시오면 여호와께서 나의 하나님이 되실 것이요 내가 기둥으로 세운 이 돌이 하나님의 집이 될 것이요 하나님께서 내게 주신 모든 것에서 십분의 일을 내가 반드시 하나님께 드리겠나이다 하였더라"(창 28:20-22).

야곱이 돌기둥을 세우고 기름을 붓고 하나님과 이런 약속을 합니다. "하나님께서는 저에게 동행, 보호, 귀환, 이 세 가지를 약속해 주셨습니다. 나와 함께 계시고, 나를 지키시고, 나를 무사히 집으로 돌아오게 해 주신다고 약속해 주셨습니다. 하나님이 이 세 가지 약속을 지켜주신다면 저도 하나님께 세 가지를 약속하겠습니다."

첫 번째는 "여호와께서 나의 하나님이 되실 것입니다." 지금까지 여호와는 할아버지의 하나님, 아버지의 하나님, 즉 아브라함의 하나님, 이삭의 하나님이었습니다. 하지만 이제부터는 여호와를 "나의 하나님"으로 섬기겠습니다. 이것이 첫 번째 약속입니다.

두 번째 약속은 이 돌기둥이 하나님의 집이 될 것이라는 것입니다. 돌베개를 베고 자면서 야곱은 "하나님이 우리 집에만 계신 것이 아니라, 온 세상에 계신다. 온 세상이 하나님의 집이다"라는 사실을 깨달았습니다. 따라서 그는 자신이 가는 모든 곳, 머무는 모든 곳을 하나님의 집으로 여기며 그곳에서 하나님을 예배하는 자가 되겠다고 약속합니다.

세 번째 약속은 이것입니다. 지금은 가진 것이 돌과 기름밖에 없지만, 앞으로 얻게 될 모든 소유를 하나님이 주신 것으로 여기고 그 십분의 일을 하나님께 바치겠다는 것입니다. 십분의 일을 바친다는 이야기는 창세기에서 벌써 두 번째 등장합니다. 아브라함이 전쟁에서 승리하고 돌아왔을 때 멜기세덱에게 십분의 일을 바쳤듯, 야곱이 이제 하나님께 이 약속을 하는 것입니다. 지금은 돌과 기름밖에 가진 것이 없는 혈혈단신이지만, 앞으로 얻게 될 모든 것을 하나님의 은혜임을 인정하고 하나님의 뜻대로 사용하겠다는 다짐이 담긴 약속이었습니다.

그렇게 하나님께 약속을 드린 후, 야곱은 그 땅의 이름을 루스에서 벧엘로 바꾸었습니다. 루스는 본래 '도피처'라는 뜻이었는데, 벧엘 즉, '하나님의 집'으로 바뀐 것입니다. 도망쳐 온 곳, 단순히 피난처였던 그곳이 알고 보니 하나님의 집이었다는 의미가 담겨 있습니다.

혹시 여러분의 삶에서 도망치고 피신해야 하는 순간이 온다면, 그곳이 바로 벧엘이 되기를 주의 이름으로 축복합니다. 그곳에서 하나님을 만나고 하나님의 복과 약속을 받게 되기를 바랍니다. 모세도 마찬가지였습니다. 40세에 민족 해방을 꿈꿨지만 실패하고 도망쳐 광야로 갔습니다. 그 도피처였던 광야에서, 어느 날 하나님은 떨기나무 가운데서 모세를 부르셨습니다. 그리고 "네가 선 곳은 거룩한 땅이니"라고 말씀하셨습니다. 도망치고, 실패하고, 고통스러웠던 바로 그곳을 하나님은 '거룩한 땅', 즉 '하나님의 집'인 벧엘로 선포하신 것입니다.

루스가 벧엘이 되는 은혜, 광야가 거룩한 땅이 되는 은혜가 여러분 삶에 임하기를 바랍니다. 여러분이 서 계신 바로 그곳이 주님을 새롭게 만나는 장소가 되기를 축복합니다. 내 꾀와 지혜로만 살았던 과거를 버리고, 하나님의 약속을 믿으며 믿음으로 다시 시작하는 벧엘이 되십시오.

어찌어찌하다가 맞이한 캄캄한 밤, 홀로 들판에서 돌베개를 베고 누운 그곳에서 주님을 만나고 주님의 복과 약속을 받으십시오. 그리고 나 또한 주님께 "이제부터 하나님을 나의 하나님으로 삼겠습니다. 내가 있는 모든 곳이 하나님의 집입니다. 내가 가진 모든 것은 하나님이 주신 것이니 하나님 뜻대로 사용하겠습니다"라고 약속하며 새롭게 시작하는 복된 하나님의 집, 벧엘을 경험하시기를 바랍니다.

거울아 거울아 · 창 29:1-30

"야곱이 아침에 보니 레아라 라반에게 이르되 외삼촌이 어찌하여 내게 이같이 행하셨나이까 내가 라헬을 위하여 외삼촌을 섬기지 아니하였나이까 외삼촌이 나를 속이심은 어찌됨이니까"(창 29:25)

그때와 같이

벧엘에서 하나님을 만나고 힘과 용기를 얻은 야곱은 힘을 내서 다시 여행길에 올라 마침내 하란에 도착합니다. 성경에는 동방 사람의 땅에 이르렀다고 기록합니다(창 29:1).

원래 살던 브엘세바에서 출발해서, 하나님을 만났던 벧엘을 거쳐, 마침내 하란에 도착했습니다. 하지만 오늘날과 같은 주소 시스템이 없던 시절이었기에, 야곱은 그저 북동쪽으로, 즉 동방 사람들의 땅을 향해 이동했습니다. 마침내 그 땅에 도착해서 어느 들판의 우물가에 이르게 되었습니다.

그 우물가에는 양 떼 세 무리가 와 있었고, 목자들은 모든 양이 모일

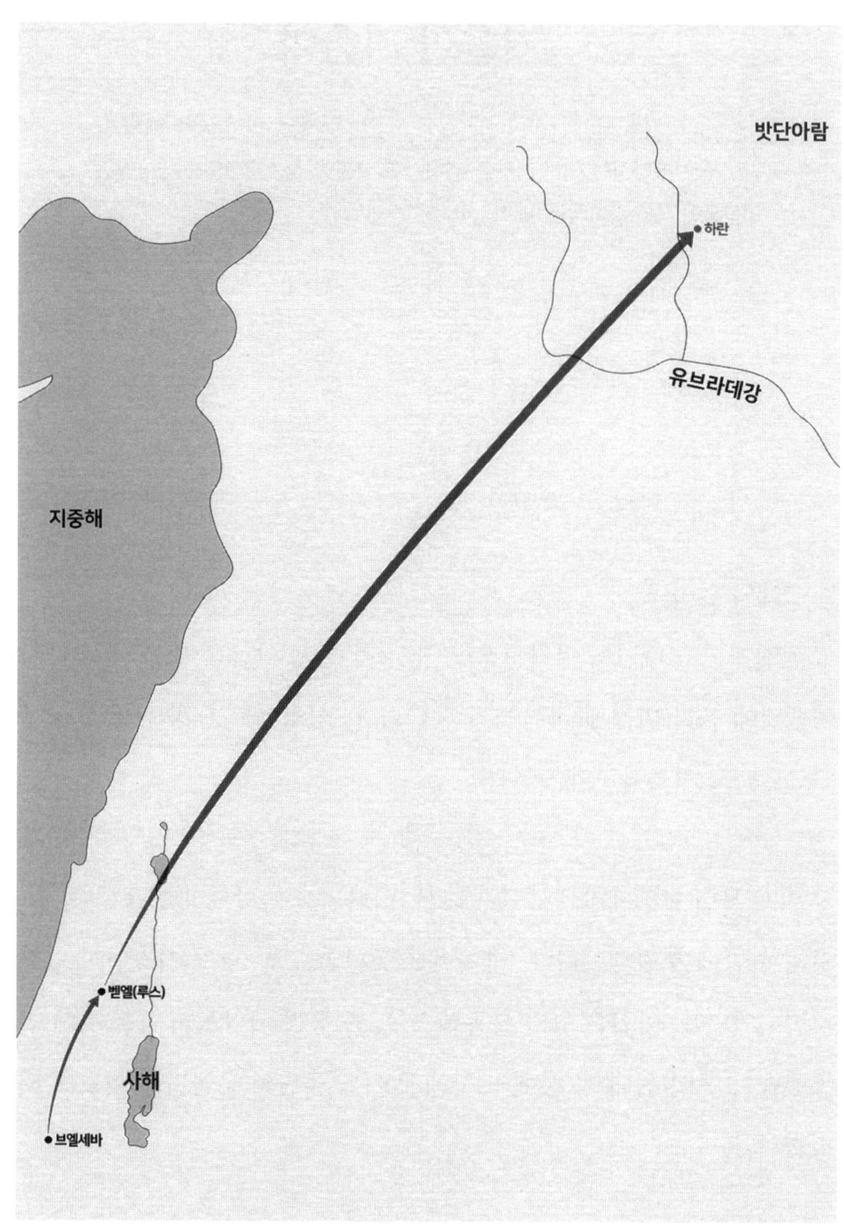

〈지도 5. 하란에 도착하다〉

때까지 기다리고 있었습니다. 우물 입구는 커다란 돌로 덮여 있었는데, 양 떼가 다 모이면 그 돌을 치우고 물을 먹이곤 했습니다.

야곱이 목자들에게 "형제들이여, 어디서 왔소?"라고 묻자, 그들은 하란에서 왔다고 대답했습니다. 그 말에 야곱의 귀가 번쩍 뜨였을 것입니다. 도착하자마자 만난 이들이 바로 하란 사람들인 것을 알고, 그는 곧장 "나홀의 손자 라반을 아는가?"라고 물었습니다. 목자들은 안다고 대답했습니다.

"그가 평안하냐"

"평안하니라"

일이 아주 순조롭게 풀렸습니다. 목자들은 심지어 라반의 딸 라헬이 양 떼를 몰고 이곳으로 오고 있으니 직접 물어보라고 말해 줍니다. 야곱은 애써 찾아다닐 필요도 없이 외삼촌의 딸을 만나게 된 것입니다. 아브라함의 종이 리브가를 순조롭게 만났고, 룻이 보아스의 밭에서 우연히 보아스를 만났던 것처럼, 야곱도 라헬을 순조롭게 만났습니다. 이는 야곱이 찾아낸 것이 아니라, 하나님이 이끌어 오신 일이었습니다.

우리 자녀들이 인생에서 어디로 가야 할지 몰라 헤맬 때, 하나님께서 안전하게 목적지에 도착하게 하시고, 꼭 만나야 할 사람을 순조롭게 만나게 해 주시기를 기도합시다.

야곱이 목자들에게 이렇게 말합니다. "해가 아직 높은즉 가축 모일 때가 아니니 양에게 물을 먹이고 가서 풀을 뜯게 하라"(창 29:7). 아직 한창 일할 시간인데 여기서 시간을 낭비하지 말고, 빨리 양 떼에게 물을 먹이고 가서 풀을 뜯기라는 것입니다. 어머니의 그늘을 벗어나자 야곱의 본래 성격이 서서히 드러나기 시작합니다. 그는 "양 떼가 다 모일 때까지 기다렸다가 함께 물을 먹인다"는 그곳의 관습을 따르지 않고 깨뜨려 버립니다. 야곱은 '로마에 가면 로마법을 따르는' 대신, 더 효율적이고 나은 방법을 찾아내는 사람이었습니다.

목자들은 오랜 관습이라며 "양 떼가 모두 모여야 물을 먹인다"라고 말했습니다. 그때 마침 라헬이 도착했습니다. 야곱은 어떻게 행동했을까요? 그는 망설이지 않고 혼자서 그 무거운 돌을 옮겼습니다. 여러 명의 목자가 함께 옮겨야 할 만큼 무거운 돌을 야곱이 혼자 힘으로 옮겨, 라헬의 양 떼에게 물을 먹인 것입니다.

야곱은 모두가 따르던 관습과 무거운 돌의 무게를 이기고, 혼자서 돌을 걷어내고 양 떼에게 물을 먹였습니다. 이는 더 이상 리브가의 치마폭에 싸여있던 야곱이 아니었습니다. 이제부터 야곱의 독특한 성향과 기질이 점차 드러나기 시작할 것입니다.

야곱이 조용한 사람이고 집 안에 있는 것을 좋아하는 성격이라서 그를 유약한 사람으로 보는 경향이 있습니다. 그러나 실제로는 그렇지 않습니다. 야곱은 혼자서 그 무거운 돌을 옮길 정도로 힘이 세고 건장한 사람이었습니다. 이런 장면들을 통해 야곱에 대한 우리의 생각이 조금씩 바뀌어갑니다.

그때와 달리

야곱이 라반의 양 떼에 물을 먹였습니다. 이는 60년 전에 리브가가 아브라함의 낙타에게 물을 먹인 이야기와 좀 다른 점이 있습니다. 아브라함의 종은 신부감인 리브가를 확인하자마자 하나님께 감사 기도를 드렸던 반면에, 야곱은 미래의 신부감 라헬을 확인하자마자 자신의 힘과 지혜를 과시하고 있는 것입니다.

물을 다 먹이고 난 후, 야곱은 라헬을 끌어안고 입을 맞춘 뒤 큰 소리로 울었습니다. 그렇게 울고 나서야 "우리는 사촌이다. 나는 너의 아버지의 조카다. 너의 고모 리브가의 아들이다"라고 자신을 소개했습니다. 야곱의 행동을 가만히 보면 순서가 바뀌었다는 것을 발견할 수 있습니다. 보통은 자신이 누구인지 먼저 밝히고 가족임을 확인한 후에 포옹하고 입을 맞추는 것이 자연스럽습니다. 하지만 야곱은 너무나 반가운 나머지 라헬을 먼저 끌어안고 입을 맞추고 그 앞에서 엉엉 소리 내서 울었습니다. 한참 울고 나서야 자신을 소개한 것입니다.

야곱은 처음 보는 라헬을 끌어안고 펑펑 눈물을 쏟았습니다. 이는 목숨을 건 탈출, 형 에서가 언제 자신을 해칠지 모른다는 두려움, 그리고 낮선 땅에서 어떻게 외삼촌을 만날지 모르는 막연함이 한꺼번에 해소되었기 때문입니다. 라헬을 만난 기쁨과 안도감, 그리고 그동안의 서러움이 복합적으로 북받쳐 올랐던 것입니다. 라헬을 끌어안고 그렇게 한참을 울고 나서야 비로소 "내가 너의 사촌이다"라고 소개했습니다.

라헬은 곧바로 아버지 라반에게로 달려가서 야곱의 소식을 전했습니다. 딸의 이야기를 들은 라반은 한달음에 달려와 야곱을 따뜻하게 맞아 집으로 데려갔습니다. 이런 상황은 라반에게 낯설지 않았습니다. 이미 60년 전, 이와 비슷한 일이 있었기 때문입니다. 당시 아브라함의 종이 이삭의 신붓감을 찾으러 왔을 때의 모습은 어땠습니까? 낙타 열 마리를 끌고 왔었는데, 그 시절 낙타는 아무나 소유할 수 있는 것이 아니었습니다. 오늘날로 치면 최고급 리무진과 같았습니다. 그는 그 귀한 낙타들과 함께 순금으로 만든 패물들을 잔뜩 가지고 와서 리브가를 데리고 갔습니다. 아브라함이 상당한 거부였기 때문입니다.

그런데 이번에는 신붓감을 찾으러 종이 아니라, 아들이 직접 왔다는 것입니다. 라반은 당연히 큰 기대를 품고 달려 나와 야곱을 집으로 데려 갔습니다. 하지만 야곱에게 자초지종을 들으면서 라반의 기대는 산산이 부서졌습니다. 야곱이 이곳에 온 목적은 실망스럽게도 형을 피해 도망쳐 온 피신이었고, 그 과정에서 외삼촌의 딸과 결혼하고 싶다는 것이었습니다. 야곱의 이야기를 듣고 라반은 곧바로 환상에서 깨어나 그가 빈털터리로 도망 온 것임을 알게 됩니다.

야곱이 모든 것을 다 말했다(창 29:13)고 했는데, 어디까지 말했을까요? 자신이 형과 아버지를 속이고 장자권과 복을 빼앗아서, 형이 죽이려고 했기 때문에 여기까지 도망쳐 온 것이라는 이야기를 다 했을까요? 아니면 조금 각색해서 아버지가 자신에게 모든 복을 다 주려고 했는데, 형이 그것을 알고 화가 나서 자신을 죽이려고 해서 도망 왔다는 식으로, 좀 꾸며서 이야기했을까요? 그래서 어머니가 외삼촌에게 가서 도움을 청하고, 외삼촌의 딸들 중에서 아내를 얻으라고 했다고 말을 했을까요?

야곱이 외삼촌 라반에게 그동안 있었던 일들을 말했습니다. 라반은 지금 야곱이 도망자 신세이며, 이제 자신의 처분만 기다리고 있는 처량한 처지라는 것을 알게 되었습니다. 이 모든 이야기를 들은 라반은 "너는 참으로 내 혈육이로다"라고 말하며 야곱의 정체를 확인시켜 줍니다. 하지만 라반은 그 외에 아무런 조치도 취하지 않고, 야곱을 한 달간 그냥 집에 머물게 했습니다. 60년 전, 리브가의 결혼이 바로 결정되었던 것과는 달리 야곱의 결혼 문제는 보류된 것입니다.

한 달 동안 야곱을 지켜본 라반은 그의 실체를 파악했습니다. 야곱은 비록 빈털터리로 도망쳐 왔지만, 지혜와 힘, 성실함과 꾀까지 모두 갖춘 쓸모 있는 사람이었습니다. 라반은 야곱을 계속 곁에 두는 것이 자신에게 유익하겠다는 계산을 마쳤습니다. 그래서 그는 야곱에게 이곳에 계속 머물라고 말했습니다. 라반에게 있어 야곱은 단순히 친척이 아니라, 자신의 재산을 불려줄 귀한 노동력이었던 것입니다.

하나님께서는 "네가 어디로 가든지 내가 너와 함께 있으며 너를 지켜 주겠다"는 약속을 야곱에게 이행해 가고 계십니다. 그러나 그 과정에는 목자들의 텃세, 라반의 교활한 계산과 같은 인간적인 요소들도 함께 작동하고 있었습니다. 이처럼 혼란스럽고 복잡한 상황 속에서 하나님의 약속이 과연 이루어질 수 있을까요?

데자뷰; 다시 나를 보는 듯한

한 달 뒤에 라반이 야곱에게 말합니다. "네가 비록 내 생질이나 어찌 그저 내 일을 하겠느냐 네 품삯을 어떻게 할지 내게 말하라"(창 29:15). 한 달이 지난 후, 라반은 마침내 입을 열어 야곱에게 말했습니다. 그는 "일과 품삯"이라는 단어를 꺼냅니다. 이는 라반이 야곱을 더 이상 가족으로 대하지 않고, 고용 관계로 대하겠다는 의도를 드러낸 것입니다. 다시 말해, 라반은 야곱을 조카가 아니라 자신의 이익을 위한 일꾼으로 여기고 있었던 겁니다. 라반은 야곱의 처지를 이용해 아무런 대가도 치르지 않고 그를 부려 먹을 계산을 하고 있었습니다. 정말 나쁜 외삼촌이라고 할 수 있습니다.

반면에 아브라함은 어땠습니까? 자신을 섭섭하게 하고 떠난 조카 롯이 위험에 처하자 목숨을 걸고 그를 구하러 갔습니다. 그는 롯에게 먼저 좋은 땅을 선택하라고 양보하며 "네가 왼쪽으로 가면 나는 오른쪽으로 가고, 네가 오른쪽으로 가면 나는 왼쪽으로 가겠다"라고 말하기도 했습니다. 라반도 아브라함처럼 조카인 야곱을 따뜻하게 대할 줄 기대했지만, 그는 야곱의 약점을 이용해 거래를 하려고 했습니다. 라반의 이런 모습은 바로 야곱 자신과 너무나 닮아 있었습니다. 야곱 역시 배고픈 형의 약점을 이용해 장자권을 빼앗았기 때문입니다. 말은 '거래'였지만, 사실은 빼앗은 것이나 다름없었습니다.

라반도 오갈 데 없는 야곱의 약점을 이용합니다. 그는 피신과 결혼이라는 두 가지 목적을 가지고 자신을 찾아온 야곱에게 이렇게 말했습니다. "네 목적을 내가 이루어줄 테니, 여기서 나와 함께 지내라. 그리고 내 딸과 결혼하되, 결혼 지참금 대신 너의 노동력을 신부값으로 내야 한다."

라반에게는 레아와 라헬이라는 두 딸이 있었습니다. 레아가 언니이고 라헬이 동생인데, 성경에는 이렇게 기록되어 있습니다. "레아는 시력이 약하고 라헬은 곱고 아리따우니"(창 29:17). "시력이 약하다"는 표현은 눈에 총기가 없어 반짝반짝 빛나지 않았다는 뜻입니다. 반면에 라헬은 매우 아름다웠습니다. 고대 근동에서는 여성이 외간 남자에게 자신의 얼굴을 보이지 않았습니다. 리브가가 이삭을 처음 만날 때, 리브가가 베일로 얼굴을 가리는 장면이 나옵니다. 결혼해서 남편이 되기 전에는 자기 얼굴을 보여 주지 않았습니다. 그래서 사실 남자들이 볼 수 있는 것은 오직 여자의 눈뿐이었습니다. 그런데 레아는 눈이 그렇게 예쁘지 않았던 반면, 라헬은 곱고 아리따웠습니다. 야곱은 아름다운 라헬을 선택합니다. 아브라함의 종은 하나님 마음에 맞는 배우자를 보내달라고 기도하고 선택했던 반면에, 야곱은 외모를 보고 선택합니다. 이처럼 야곱은 아직 세속적인 가치관에 머물러 있었습니다.

야곱은 라헬에게 첫눈에 반했습니다. 그래서 그는 라헬을 얻기 위해 라반의 집에서 7년을 봉사하겠다고 약속합니다. 라헬의 신부값으로 7년 치 품삯을 내겠다는 것입니다. 이것은 가족간의 혼사임에도 불구하고, 결혼 조건을 두고 마치 남남처럼 거래하는 것과 같았습니다.

당시 신부에게 줄 수 있는 가장 비싼 신부값은 50세겔(신22:29)이었지만, 실제로 그 정도 금액을 지불하는 경우는 드물었을 것입니다. 고대 바벨론 노동자의 한 달 임금이 한 세겔이었으니, 7년이면 84세겔이 됩니다. 야곱은 신부값으로 최고액인 50세겔을 훨씬 뛰어넘는 금액을 지불하겠다고 한 것입니다.

사실 조카가 7년간 무임금으로 일하겠다고 하면, 보통 "우리가 남이냐? 가족끼리 결혼하는데 무슨 신부값이냐? 내 딸과 결혼하고 품삯도 당연히 받아야지"라고 하지 않겠습니까? 그런데 라반은 야곱의 제안을 듣고는 기꺼이 동의했다는 것입니다.

그렇게 야곱은 라헬을 위해 7년을 무료로 봉사했습니다. 성경은 야곱이 라헬에 대한 사랑 때문에 그 7년을 며칠처럼 보냈다고 기록하고 있습니다. 아름다운 아내와 결혼해 고향으로 돌아갈 단꿈에 빠진 순정남 야곱은 기대와 설렘으로 가득 차 있었습니다.

야곱은 라헬과 결혼할 생각에 신나서 열심히 일했습니다. 그 결과, 야곱이 오기 전에는 라반의 소유가 적었더니 야곱이 온 이후에 라반의 소유가 급격하게 불어났습니다. 하나님은 약속대로 야곱에게 복을 주셨고 그 복이 라반에게까지 이르게 된 것입니다.

7년이 지났습니다. "내 기한이 찼으니 내 아내를 내게 주소서"(창 29:21). 7년이 지나 결혼할 때가 되었지만, 라반이 먼저 나서서 "그동안 수고했다, 이제 결혼식을 올리자"라고 말하지 않았습니다. 7년이 지났는데도 라반이 아무런 행동도 취하지 않자, 야곱이 직접 나서서 "나는 약속을 지켰으니 당신도 약속을 지켜달라"고 요청했습니다.

라반은 야곱의 의심을 피하기 위해 동네 잔치를 크게 벌였습니다. 당시 결혼풍습은 이렇습니다. 신랑 행렬이 먼저 신부 집으로 가서 신부를 신랑 집으로 데려옵니다. 그런 다음 신랑 집에서 결혼 계약서를 낭독하고, 신랑 측 신부 측 두 가족과 이웃이 함께 즐기는 성대한 잔치를 엽니다. 잔치 첫날 밤에 신랑은 베일에 가려져 있던 신부를 자기 옷으로 감싸서 신방으로 데려갑니다. 그리고 잔치는 일주일 내내 계속됩니다.

야곱에게는 가족이 없었기 때문에 결혼 예식의 일부분은 아마도 생략되었을 것입니다. 이 때문에 야곱은 라반의 음모에 쉽게 휘말리게 되었습니다. 잔치가 한창 무르익은 밤, 라반은 신부를 데려왔고, 야곱은 7년 동안의 짝사랑이 이루어지는 날이라 잔뜩 들떠 있었습니다. 그는 서둘러

베일에 싸인 신부를 신방으로 데리고 들어갔습니다. 드디어 그토록 사랑했던 라헬이 자신의 아내가 된 것입니다.

그러나 아침이 되자 야곱은 소리를 질렀습니다. 과거에 아버지와 형이 속은 것을 알고 소리를 질렀던 것처럼, 야곱도 똑같이 비명을 질렀습니다. 신부는 라헬이 아니라 레아였던 것입니다. 야곱은 큰 충격을 받고 "어찌하여 이같이 행하셨나이까"(창 29:25)라고 따지는데, 이 질문은 성경에 총 네 번 등장합니다. 먼저 하나님이 하와에게 "네가 어찌하여 이렇게 하였느냐"라고 탄식하십니다. 또 아브라함이 사라를 누이라고 속였을 때, 바로가 "네가 어찌하여 이렇게 하였느냐"라고 말합니다. 이삭 또한 자기 아내를 누이라고 속이고 발각되었을 때, 아비멜렉이 이삭에게 "네가 어찌하여 이렇게 하였느냐"라고 합니다. 이처럼 "어찌하여 이같이 행하셨나이까"라는 질문은 도저히 이해할 수 없는 행동에 대한 탄식입니다. 야곱은 큰 충격과 분노, 그리고 두려움에 휩싸였습니다.

야곱은 자신이 형 에서인 척 아버지를 속였습니다. 그런데 이제 레아가 동생 라헬인 척하고 신방에 들어왔습니다. 어머니와 짜고 아버지를 속였던 야곱은 아버지와 짜고 자신을 속이는 아내를 만나게 된 것입니다. 형의 옷을 입고 형으로 가장해서 아버지의 장막에 들어갔던 야곱은 자기의 장막에 동생의 옷을 입고 동생으로 가장해서 들어온 아내를 맞이하게 됩니다. 레아가 "시력이 약했다"는 표현도 야곱에게는 가슴 철렁한 표현입니다. 야곱이 시력이 약한 아버지를 속이고 이곳에 왔는데, 여기서 시력이 약한 레아가 등장한 것입니다. 하나님께서 야곱이 저지른 그대로 되갚아주신 것입니다.

거울아 거울아

라반은 하나님이 준비한 거울입니다. 속임수의 명수 야곱이 자신보다 한 수 위인 라반을 만난 것입니다. 이 거울은 야곱이 그동안 숨기고 싶었던 자신의 부끄러운 모습, 특히 남을 속여왔던 과거를 낱낱이 비추어 줍니다. 라반에게 당한 충격으로 야곱은 처음으로 자신이 아버지와 형에게 얼마나 큰 고통을 안겨주었는지 깨달았을 것입니다.

내 주변에 혹시 라반과 같은 거울이 없는지 한번 돌아보십시오. 나를 화나게 하고, 분노하게 하고, 정말이지 치를 떨게 하는 사람 말입니다. 그 사람을 향해 '이 죽일 놈의 라반'이라며 분노할 필요는 없습니다. 그 사람은 어쩌면 하나님이 나를 위해 준비해 둔 거울일지도 모릅니다. 내 악을 보게 하고, 내 마음 깊은 곳에 꼭꼭 감춰두었던 부끄러운 과거를 보게 하는 하나님의 거울인 것입니다. 거울을 보여 주시는 목적은 망신을 주고 고통을 주려는 것이 아닙니다. 치료하고 교정하여 다시 새롭게 하는 것입니다.

라반이 변명하며 던진 "언니보다 아우를 먼저 주는 것은 우리 집안 풍습에 어긋난다"는 말은 야곱의 가슴을 찌르는 비수와 같았을 것입니다. "형보다 아우가 앞서서는 안 된다"는 말이 야곱의 귓가에 계속 맴돌았을 것입니다. 라반은 야곱의 부끄러운 자아를 돌아 보게 하며, 그가 외면하고 싶었던 자신의 모습을 직시하게 만든 것입니다.

하지만 라반의 말은 그저 야곱을 속이기 위한 교묘한 변명일 뿐입니다. 그것이 사실이라면 야곱이 7년 동안 열심히 일하는 동안, 라반은 자신의 풍습에 대해 미리 말했어야 합니다. 그러나 오히려 결혼식 날이 되어서야 레아를 야곱에게 들여보냈습니다. 라반은 여기서 멈추지 않고 한 술 더 뜹니다. "이 결혼 잔치가 끝나면 라헬도 줄테니, 그다음 주에 또 결혼식을 올리자. 대신 너는 나를 위해 7년을 더 일해야 한다"고 제안합니다. 라반이 얼마나 탐욕스럽고 교활한 인물이었는지를 잘 보여주는 대목입니다.

야곱은 라반의 이러한 제안에 화가 났지만, 달리 선택할 여지가 없었습니다. 여기서 멈추면 사랑하는 라헬도 얻지 못하고, 고향으로 돌아갈 수도 없는 신세가 되기 때문입니다. 고향에 돌아가고 싶다는 간절한 소망은 또다시 7년 뒤로 미뤄지게 됩니다. 라반에게 딸이 두 명만 있는 것이 얼마나 다행인지 모릅니다. 만약 그에게 딸이 서너 명 더 있었다면, 야곱은 평생을 라반의 밑에서 착취당했을지도 모를 일입니다.

7일 후에 야곱은 또다시 라헬과 결혼하게 됩니다. 에서가 두 여자와 동시에 결혼하는 해괴한 결혼을 했는데, 야곱은 두 자매와 결혼하는 더 이상한 결혼을 하게 됩니다. 이는 야곱의 속임수로 시작된 죄의 결과이

자, 라반의 끝없는 욕심이 만들어낸 비극이었습니다.

야곱은 레아보다 라헬을 더 사랑합니다. 아니 라헬만을 사랑합니다. 그리고 라헬만을 아내로 인정합니다. 야곱은 자신을 억압하고 차별했던 아버지 이삭의 모습을 그대로 답습합니다. 아버지가 형 에서를 편애했던 그 편애의 희생양이었음에도 불구하고, 야곱은 자신이 사랑하는 라헬과 그녀의 자식들만을 편애하며 가족을 불행으로 몰아넣습니다. 이러한 편애는 야곱의 가정을 지옥으로 만들었습니다. 에서가 야곱을 죽이려 했던 것처럼, 야곱의 아들들 역시 서로에게 극심한 증오심을 품게 됩니다. 심지어 동생 요셉을 실제로 죽이려 하기까지 합니다. 야곱의 결혼은 행복의 시작이 아니라, 죄와 욕심의 대가가 무엇인지를 보여 주는 처절한 고통의 시작이었습니다.

야곱은 사랑하는 라헬을 얻기 위해 다시 7년 더 라반을 섬깁니다. 그는 총 14년이라는 긴 시간 동안 사실상 한 푼의 품삯도 받지 못하고 라반에게 붙잡혀 있게 됩니다. 그런 야곱에 대해 라반은 무슨 생각을 갖고 있었을까요? 라반은 야곱의 성실함과 능력 덕분에 재산이 엄청나게 늘어나는 것을 보며, 그를 평생 자신의 곁에 붙잡아 둘 생각이었습니다. 만약 하나님의 도우심이 없었다면, 야곱은 라반의 끝없는 욕심의 덫에 걸려 영원히 그곳을 떠나지 못했을지도 모릅니다. 과연 야곱은 이 덫으로부터 빠져나올 수 있을까요?

정리하겠습니다. 야곱은 사랑하는 라헬과 결혼해 고향으로 돌아갈 달콤한 꿈에 빠져 있었습니다. 7년이라는 긴 시간을 하루 같이 여길 정도로 행복한 나날을 보냈습니다. 그러나 결혼식 날 야곱은 충격적인 현실에 맞닥뜨리게 됩니다. 바로 라반이 야곱을 속인 것입니다. 그것도 야곱이 아버지를 속였던 것과 똑같은 방식으로 라반에게 속은 것입니다. 덫에 걸려 선택의 여지가 없었습니다. 라헬을 얻기 위해서는 라반의 요구를 따를 수밖에 없었기에, 야곱에게는 빠져나갈 구멍이 전혀 보이지 않았습니다.

야곱은 14년 동안 한 푼의 품삯도 받지 못한 채 일해야 했습니다. 그는 여전히 가진 것 없는 빈털터리였습니다. 과연 그가 라반의 덫에서 빠져나올 수 있을까요? 그리고 어디로 가든지 너와 함께하며 너를 지키겠다는 하나님의 약속은 이런 절망적인 상황 속에서도 이행될 수 있을까요?

야곱과 라반의 죄는 야곱의 귀향을 지연시키는 것처럼 보였지만, 그 기간에 하나님께서 야곱에게 주셨던 모든 약속이 다 성취됩니다. 하나님은 그에게 약속하셨던 열두 아들을 주셨고, 라반에게 빼앗겼던 20년 치 품삯을 모두 돌려받게 하셨습니다. 라반은 야곱을 자신의 이익을 위한 도구로 생각했지만, 실상은 하나님께서 라반을 사용해 야곱의 부를 쌓아 주고 계셨던 것입니다.

하나님은 우리를 위해 거울을 준비하십니다. 내 죄와 약함을 비춰주는 '라반' 같은 사람들이 우리 삶의 곳곳에 등장합니다. 그들은 우리의 눈

살을 찌푸리게 하고, 분노하게 만들며, 때로는 복수를 다짐하게 할 정도
로 밉살스럽게 굽니다. 하지만 기억하십시오. 그 라반들은 우리를 괴롭
히기 위해 존재하는 것이 아닙니다. 그들은 하나님께서 우리 자신을 다
루시고, 우리의 죄와 약점을 보게 하며, 우리를 교정하고 치유하기 위해
보내신 "하나님의 선물이자 은혜"입니다.

거울이 나타날 때마다 분노하지 마십시오. "거울아, 거울아, 나를 좀
비춰다오. 내 마음 깊은 곳에 있는 악을 드러내다오"라고 기도하십시오.
"하나님, 저를 다뤄주십시오. 저를 다시 빚어주십시오. 온갖 꾀와 이기심
으로 똘똘 뭉쳐있는 이 못난 저를 주님의 손으로 새롭게 만들어 주십시
오"라고 하나님 앞에 엎드리고 하나님의 은혜를 구하십시오.

라반이 야곱을 이용하는 것처럼 보였지만, 실상은 하나님께서 라반을
사용해 야곱을 빚어가셨던 것입니다. 우리 삶의 어려운 순간에도 당신의
계획을 이루어 가시는 하나님을 신뢰하십시오. 중요한 것은 우리 앞에
나타난 '거울'을 알아보고, 그 거울에 비친 내 모습을 직면하는 것입니다.
그 거울을 통해 나 자신을 보고, 하나님 앞에 겸손히 엎드려 "저를 다시
빚어주십시오"라고 기도할 수 있기를 바랍니다. 오늘 이 말씀이 바로 여
러분의 말씀이 되기를 바랍니다.

레아의 태를 여시다

야곱은 라반의 속임수에 빠져서 레아와 라헬 두 자매와 결혼했습니다. 그의 결혼 생활은 어땠을까요? 성경은 그들의 결혼 생활에 대해서 이렇게 기록합니다. "여호와께서 레아가 사랑받지 못함을 보시고 그의 태를 여셨으나 라헬은 자녀가 없었더라"(창 29:31).

야곱의 가정에서 레아와 라헬의 삶은 극명하게 엇갈렸습니다. 야곱이 사랑을 듬뿍 주었던 라헬과는 달리, 레아는 철저히 외면당했습니다. 그러나 또 한편으로 레아는 잉태했지만, 라헬은 무자했습니다. 본문에서 "사랑받지 못했다(שְׂנוּאָה 세누아)"는 표현은 '관심을 생략하다', '지나치다' 라는 의미입니다. 그러니까 단순히 사랑이 부족했다는 것을 넘어, 야곱이 레아에게 관심조차 주지 않고 마치 없는 사람처럼 대했다는 말입니다. 그러나 하나님은 그런 레아를 잊지 않으셨습니다. 그녀의 고통을 불쌍히 여기신 하나님은 그녀의 태를 여시어 자녀를 낳게 하셨습니다.

"공평하신 하나님이 나 남이 없는 것 갖게 하셨네." 이것은 송명희 시인의 "나"라는 찬양 가사의 일부입니다. 정말 하나님이 그런 면에서 공평하신 것 같습니다. 우리는 각자 가진 것이 다르지만, 그것을 모두 펼쳐놓고 보면 결국에 누리는 행복은 거의 비슷할 것이라는 생각이 듭니다. 남에게 없는 것이 나에게 있고 나에게 없는 것이 남에게 있습니다. 누군가 저에게 딸이 넷이라 행복하겠다고 말씀하시지만, 효도가 4배인 것처럼 속도 4배로 썩습니다. 결국 그 모든 것을 합치면 모두가 하나님 앞에서 비슷하게 받고 살아간다고 생각합니다.

이제 레아가 첫아들을 낳고 이름을 '르우벤'이라고 지었습니다. 그 이름의 뜻은 "보라, 아들이라"입니다. 레아는 아들을 품에 안고, "여호와께서 나의 괴로움을 돌보셨으니 이제는 내 남편이 나를 사랑하리로다"라고 말했습니다. 그녀는 이 아들을 통해 남편의 사랑을 얻을 것이라는 소망을 표현한 것입니다. "아기를 보러 오겠지. 아기가 예쁘면 낳아준 엄마도 예뻐해 주겠지. 아들을 낳았으니 이제 남편의 마음이 자연스럽게 나에게로 돌아오겠지"라고 기대했습니다.

레아는 둘째 아들을 낳고 이름을 '시므온'이라고 지었습니다. 시므온은 '들으심'이라는 뜻입니다. 시므온을 낳고 "여호와께서 내가 사랑받지 못함을 들으셨으므로 내게 이 아들도 주셨다"라고 고백합니다. 첫째 르우벤을 낳을 때 어떤 소망이 있었습니까? '이제 야곱의 마음이 나한테로 돌아오겠지'라는 소망을 가졌는데, 르우벤의 출생에도 야곱의 사랑이 돌아오지 않았습니다. 야곱은 여전히 그녀에게 무관심했지만, 레아는 자신이 겪는 원통함과 슬픔을 하나님께서 듣고 계신다는 것을 깨달았던 것입니다. '시므온'은 야곱의 사랑이 아닌, 하나님의 들으심과 응답의 증표였습니다.

레아가 셋째 아들을 낳고는 이름을 '레위'라고 지었습니다. 레위는 '연합함'이라는 뜻인데 "내가 그에게 세 아들을 낳았으니 내 남편이 지금부터 나와 연합하리로다"(창 29:34)라고 말했습니다. 이처럼 레아는 아들을 낳을 때마다 '내 남편'이라고 부르며 남편의 사랑을 갈망합니다. 하지만 아무리 아들을 낳아도 돌아오지 않는 남편을 보면서 레아는 절망했습니다. 그런 레아를 보면 참 안쓰럽다는 생각이 듭니다.

넷째를 낳고는 이름을 '유다'라고 지었습니다. 유다는 '찬송'이라는 뜻인데, 레아는 "내가 이제는 여호와를 찬송하리로다"라고 말합니다. 남편의 사랑을 얻기 위해 애썼던 이전과는 달리, 이제는 남편이 아닌 하나님으로 기뻐하겠다는 의미를 담고 있습니다.

여종들, 참전하다

레아가 네 아들을 낳는 동안 라헬은 어땠을까요? 성경은 라헬의 상황을 이렇게 기록하고 있습니다. "라헬이 자기가 야곱에게서 아들을 낳지 못함을 보고 그의 언니를 시기하여 야곱에게 이르되 내게 자식을 낳게 하라, 그렇지 않으면 내가 죽겠노라"(창 30:1). 라헬은 언니 레아를 시기했습니다. 레아는 라헬의 아름다움을 시기했고, 라헬은 언니의 태를 시기했습니다. 두 자매는 자신이 가지지 못한 것에 대해 불행을 느꼈고, 그것은 결국 서로를 향한 시기로 이어집니다. 서로를 시기하는 두 자매, 참으로 불행했을 것입니다. 아이를 낳지 못하는 라헬의 괴로움은 극심했습니다. 그래서 그녀는 야곱에게 "내게 자식을 낳게 하라. 그렇지 않으면 내가 죽겠노라"라고 말합니다. 사라가 25년, 그리고 리브가가 20년 동안 아이 없는 시간을 인내하고 기도하며 보냈던 것과 달리, 라헬은 "차라리 내가 죽겠다"고 할 만큼 격렬하게 반응합니다.

라헬의 격한 반응에 야곱도 화를 냅니다. 성경은 야곱이 "성을 냈다"고 기록하며 라헬에게 "그대를 임신하게 하지 못하게 하시는 이는 하나님이시니 내가 하나님을 대신하겠느냐?"라고 소리쳤다고 합니다. 라헬의 절규에 야곱 역시 격앙된 모습을 보인 것입니다. 야곱과 라헬의 격렬한 부부 싸움을 통해 아이 문제로 인한 고통이 얼마나 심했는지 알 수 있습니다.

지금까지의 내용을 살펴볼 때, 야곱은 어떤 사람이었습니까? 그는 둘째로 태어났지만, 형의 발목을 잡고 나올 만큼, 태어날 때부터 남을 앞지르려는 강한 욕심을 보였습니다. 팥죽 한 그릇으로 형의 장자권을 빼앗고, 아버지를 속여 장자만이 받을 수 있는 축복을 가로채는 등, 원하는 것을 얻기 위해서는 속임수도 서슴지 않는 사람입니다. 또한 야곱은 혼자서 큰 돌을 옮기고, 속임수의 대가인 외삼촌 라반을 상대로도 굽히지 않고 자신의 몫을 챙겨내는 등, 한 번 정한 목표는 반드시 이루고야 마는 집념의 사나이이자, 하나님을 대신하려고 했던 사람입니다.

그런데 여기에 야곱이 할 수 없는 일이 나타났습니다. 지금까지 자신의 힘으로 모든 것을 해결해 왔던 야곱에게, 이제 그의 능력 밖의 일이 벌어진 것입니다. 아무리 노력하고 애써도 해결할 수 없는 일, 즉 하나님만이 하실 수 있는 일을 마주하게 된 것입니다. "내가 하나님을 대신하겠느냐?" 이 이야기는 사실 야곱에게는 무력한 현실을 보여줍니다. 자신의 힘으로 모든 것을 이루려 하고, 심지어 하나님의 자리까지 대신했던 그에게 자신이 결코 해결할 수 없는 일이 닥친 것입니다. 아내 라헬에게 아들을 낳게 하는 문제는 그의 능력 밖의 일이었고, 그 앞에서 야곱은 속이 상하고 답답한 마음을 느꼈을 것입니다.

라헬은 이제 자기 여종 빌하를 남편에게 주어 자식을 얻으려 합니다. 이는 과거 사라가 하갈을 통해 아이를 얻으려 했던 실수를 반복하는 것입니다. 사라가 하갈을 들였다가 얼마나 고통을 겪었습니까? 이미 레아와 라헬의 경쟁과 시기로 갈등이 극심한 상황에서, 이제는 여종들까지 참전시키는 것입니다.

빌하가 야곱의 다섯째 아들을 낳았는데, 라헬은 그 이름을 '단'이라고 짓습니다. '단'은 '억울함을 푸심'이라는 뜻으로, 라헬은 "하나님이 내 억울함을 푸시려고 내 호소를 들으사 내게 아들을 주셨다"고 말했습니다. 여기서 '단'이라는 단어는 단순히 '억울함을 푼다'는 의미를 넘어, '재판' 또는 '심판'이라는 뜻을 가지고 있습니다. 라헬은 이 이름을 통해, 레아와의 경쟁에서 심판자되신 하나님이 결국 자신의 손을 들어주시고 억울함을 풀어주셨다고 생각한 것입니다.

빌하가 둘째 아들을 낳자, 라헬은 그 이름을 '납달리'라고 짓습니다. '경쟁'이라는 뜻입니다. "언니와 크게 경쟁하여 내가 이겼다"라고 선언하며 이름을 '납달리'라고 지었다는 것입니다. 언니는 아들을 낳았음에도 끝내 남편의 사랑을 얻지 못했지만, 자신은 아들도 낳고 남편의 사랑도 쟁취했으니 자신이 이겼다는 것입니다.

하지만 라헬의 승리는 오래가지 못했습니다. 레아도 가만히 있지 않고 자기 여종 실바를 야곱에게 주어 아들을 낳게 했습니다. "네가 여종을 줄 수 있다면 나도 얼마든지 그렇게 할 수 있다. 네가 대리모를 들인다면 나도 얼마든지 그렇게 할 수 있다"고 하며 여종 실바를 대리모로 들이는 것입니다. 실바가 낳은 아들은 이름이 '갓'으로 '복됨', '행운이 옴'이라는 뜻입니다.

그 여종이 또 아들을 낳자, 레아는 그 이름을 '아셀'이라고 지었습니다. 아셀은 '기쁨'이라는 뜻입니다. 레아는 "기쁘도다 모든 딸들이 나를 기쁜 자라 하리로다"라고 말하며, 자신이 모든 여성들의 부러움을 얻은 존재가 되었다고 선언했습니다. 이렇게 야곱의 두 아내인 레아와 라헬은 물론, 그들의 여종들까지 자식을 낳는 것을 통해 서로 끊임없이 경쟁하고 다투는 모습을 보여줍니다. 어떻게 보면 참으로 슬프고 안타까운 장면이라고 할 수 있습니다.

레아의 소원을 들으시다

어느 날 레아의 첫 번째 아들 르우벤이 들에 나갔다가 합환채라는 식물을 얻게 됩니다. 이 식물은 맨드레이크의 일종으로 고대에는 정력제나 임신에 효험이 있는 약으로 알려져 있었습니다. 르우벤은 이것을 캐어 어머니 레아에게 가져다주었습니다. 아들의 눈에도 남편의 사랑을 받지 못하고, 넷째 아들 이후로 더 이상 자식을 낳지 못하는 어머니의 안타까운 상황이 보였던 것입니다.

르우벤이 합환채를 가져오자, 라헬은 그 합환채를 달라고 요구합니다. 이에 레아는 격분하며 "네가 내 남편을 빼앗은 것이 작은 일이냐? 그런데 내 아들의 합환채까지 빼앗으려 하느냐?"라고 발끈합니다. 이때 레아는 여전히 야곱을 '내 남편'이라고 부르며, 라헬이 야곱을 빼앗아갔다는 피해 의식을 강하게 드러냅니다. 하지만 사실은 정반대였습니다. 아버지 라반과 함께 모의하여 동생 라헬의 남편인 야곱을 먼저 차지한 것은 레아였습니다. 그럼에도 불구하고 레아는 자신의 불행을 모두 라헬 때문이라고 생각하며, 온통 피해 의식에 사로잡혀 있었습니다.

레아가 격분하자, 라헬은 거래를 제안합니다. 합환채를 자신에게 주면 대신에 오늘 밤 자신의 남편을 언니에게 빌려주겠다고 합니다. 이 거래는 성사됩니다. 이 거래는 레아가 얼마나 간절히 남편의 사랑을 갈망하였으며, 라헬이 얼마나 절박하게 아들을 원했는지를 보여줍니다. 비록 여종 빌하를 통해 아들을 얻었지만, 그것만으로는 채워지지 않는 깊은 갈망이 있었던 것입니다. 결국 아들을 낳고자 하는 라헬의 갈망과 남편을 원하는 레아의 갈망이 맞물려 거래가 이루어집니다.

야곱이 집에 돌아오자, 레아는 그를 맞으며 "오늘 내가 합환채로 당신을 샀으니, 나에게로 들어오세요"라고 당당하게 말합니다. 이 장면에서 성경은 야곱의 어떤 대사도 기록하지 않습니다. 무슨 할 말이 있겠습니까? 두 아내 사이에서 벌어지는 치열한 다툼에 야곱은 참으로 괴로웠을 것입니다. 지금 이 치열한 다툼 속에 혹시라도 한쪽 편을 들었다가는 가정이 풍비박산 날 위기였기에, 그는 아무 말 없이 두 자매의 결정에 따를 수 밖에 없었을 것입니다.

창세기 30장 17절은 "하나님이 레아의 소원을 들으셨으므로 그가 임신하여 다섯째 아들을 야곱에게 낳았다"라고 기록합니다. 하나님은 레아의 마음을 불쌍히 여기시고 그녀의 소원을 들으셨습니다. 그런데 이 구절은 매우 중요한 의미를 담고 있습니다. 임신에 효험이 있다고 알려진 합환채는 라헬이 가져갔지만, 아이는 오히려 레아에게 생겼습니다. 이는 아이가 사람의 노력과 방법으로 생기는 것이 아니라 오직 하나님의 허락하심으로만 가능하다는 것을 분명히 보여줍니다.

레아가 다시 잉태하고 다섯 번째 아들을 낳습니다. 레아에겐 다섯 번째이고 야곱에겐 아홉 번째 아들입니다. 레아는 아들을 낳고 이름을 '잇사갈'이라고 지었습니다. 잇사갈은 '값', '보상'이라는 뜻입니다. 레아는 "내가 내 시녀를 내 남편에게 주었으므로 하나님이 내게 그 값을 주셨다"라고 말합니다. 사실 남편의 사랑을 받고 싶어서 다른 여성, 심지어 자신의 시녀를 남편의 옆에 있게 해야 했을 때 마음이 아프고 고통스러웠을 것입니다. 그런데 하나님이 그 마음을 알아주시고 불쌍히 여기셨다고 고백합니다.

레아는 그다음에 열 번째 아들을 낳고 이름을 '스불론'이라고 지었습니다. 스불론은 '거함, 거주함'이라는 뜻입니다. 레아는 "하나님이 내게 후한 선물을 주시도다 내가 남편에게 여섯 아들을 낳았으니 이제는 그가 나와 함께 살리라"고 말합니다. 이 이름에는 남편의 사랑을 갈망하며 이제야 비로소 남편과 함께 살 수 있을 것이라는 레아의 소망이 담겨 있습니다.

라헬을 생각하시다

여기까지 온 다음에 성경은 이렇게 기록합니다. "하나님이 라헬을 생각하신지라 하나님이 그의 소원을 들으시고 그의 태를 여셨으므로"(창 30:22). 하나님은 항상 약한 자를 불쌍히 여기십니다. 긍휼이 풍성하신 하나님께서 라헬의 태를 여셨습니다. 그런데 합환채의 효력이 아니라 하나님이 라헬을 생각하시고 그 소원을 들으시고 태를 여셨다는 것입니다.

드디어 라헬이 아들을 낳고 '요셉'이라고 이름을 지었습니다. 요셉은 야곱의 열한 번째 아들로 '더함, 한 번 더'라는 의미입니다. 라헬은 "하나님은 내 부끄러움을 씻으셨다, 여호와는 다시 다른 아들을 내게 더하시기를 원하노라"라고 말하며, 첫 아들을 얻은 기쁨과 함께 또 다른 아들을 바라는 소망을 이름에 담았습니다.

창세기 35장에 보면 라헬의 소원대로 그녀가 둘째 아들을 낳게 되지만, 출산의 고통으로 라헬이 죽게 됩니다. 라헬이 죽어가면서 엄마 없이 자라갈 아이를 생각하면서 이름을 '베노니', 즉 '슬픔의 아들'이라고 지었습니다. 하지만 야곱은 아내를 잃은 슬픔 속에서도 그 이름을 '베냐민'으로 바꿉니다. 베냐민은 '오른손의 아들'이라는 뜻으로, 야곱은 이 아이가 슬픔의 아들이 아니라 자신의 든든한 오른팔이 될 것이라는 마음을 담아 이름을 지었습니다. 이렇게 해서 야곱의 열두 아들이 모두 태어났습니다. 이들이 바로 이스라엘 열두 지파를 형성할 선조가 됩니다.

레아	1	르우벤	보라 아들이라	9	잇사갈	지불
	2	시므온	들음	10	스불론	거함
	3	레위	연합	딸	디나	공의, 심판
	4	유다	찬송			
빌하(라헬의 종)	5	단	심판, 다스림			
	6	납달리	씨름, 경쟁			
실바(레아의 종)	7	갓	승리			
	8	아셀	행복			
라헬	11	요셉	더함	12	베냐민	오른손의 아들

〈표 1. 야곱의 열두 아들들〉

정리하자면, 야곱은 라헬만을 아내로 여겼고, 그 때문에 라헬이 낳은 요셉과 베냐민만을 진정한 아들로 생각했습니다. 그 외의 자식들은 아들로 인정하지 않았습니다. 레아가 낳은 여섯 아들과 딸 한 명은 모두 첩의 자식과 같은 서자 취급을 받았습니다. 그리고 라헬의 종 빌하와 레아의 종 실바에게서 낳은 아들인 단, 납달리, 갓, 아셀은 신분이 낮은 여종의 자식인 얼자 취급을 받았습니다. 우리가 흔히 아는 것처럼 조선시대에 서자 얼자 차별이 심했듯이 여기서도 심한 소외와 차별이 있었습니다. 결론적으로 야곱은 요셉, 베냐민을 제외한 나머지 모든 자식들을 자신의 자녀로 여기지 않았다고 볼 수 있습니다.

레아와 라헬의 갈등은 매우 치열했습니다. 두 자매는 물론이고, 그들의 몸종들까지 가세해 네 여자의 다툼은 걷잡을 수 없이 커졌습니다. 이 고통스러운 싸움 속에서 자녀들마저 상처를 입어야 했습니다. 이런 상황이 벌어지는 동안, 야곱은 놀라울 정도로 아무런 말이 없습니다. 평소 수동적이지 않던 그가 이 대목에서는 무기력하게 끌려다니기만 합니다. 자칫 잘못하면 큰 다툼을 넘어 살인까지 벌어질 수 있는 상황이었습니다. 야곱 본인도 형 에서에게 목숨을 위협받아 도망쳐 온 경험이 있지 않습니까? 에서와 야곱 형제만 심각한 줄 알았는데, 레아와 라헬 자매의 갈등도 그에 못지않았던 것입니다.

그렇다고 레아와 이혼할 수도 없는 노릇이었습니다. 만약 이혼한다면 외삼촌 라반에게 사랑하는 라헬과 자식들마저 모두 빼앗길 위험이 있었기 때문입니다. 그렇다고 해서 이 가족이 함께 행복하게 살 수 있는 상황도 아니었습니다. 야곱은 이러지도 저러지도 못하는, 그야말로 복잡하게 얽히고설킨 상황에 놓여 있었습니다. 어떤 말도, 어떤 행동도 취할 수 없었습니다. 하지만 놀랍게도, 바로 그 혼란스러운 상황 속에서 하나님은 일하십니다. 하나님은 그 모든 갈등과 고통 속에서 이스라엘의 열두 지파를 이루어 가셨습니다.

우리가 살다 보면 원치 않게 복잡하게 얽힌 상황에 놓이곤 합니다. 이럴 수도 저럴 수도 없어 무기력하게 끌려갈 수밖에 없는 순간들이 있습니다. 하지만 바로 그런 상황 속에서도 하나님은 일하십니다. 하나님께서는 그 혼란과 절망 속에서도 하늘의 별과 같은 자손의 기초를 놓으십니다. 그러니 지금의 상황이 답답하고 절망스럽더라도 굳건히 버텨내면, 결국 그 안에서 일하시는 하나님의 손길을 보게 될 것입니다.

야곱, 거부가 되다

요셉이 태어나자 야곱은 라반에게 고향으로 돌아가겠다고 말합니다. 오랫동안 희미해졌던 고향에 대한 그리움이, 사랑하는 아내 라헬이 기적처럼 아들을 낳자 다시금 강하게 되살아난 것입니다. 사랑하는 아내, 그리고 아들과 함께 고향으로 돌아가고 싶은 간절한 마음이 생겨, 라반에게 돌아가게 해달라고 요청했습니다.

그러면서 야곱은 라반에게 "제가 일하고 얻은 처자를 제게 주십시오"라고 말합니다. 14년간의 품삯으로 얻은 가족들과 함께 고향으로 돌아가게 해달라고 요구한 것입니다. 출애굽 당시 종의 규례에 따르면, 종이 결혼해서 아이를 낳으면 아내는 물론이고 그 태어난 아이까지 모두 주인의 소유가 됩니다.(출21:4) 따라서 종이 자유의 몸이 되어 나갈 때는 처자식은 두고 가야 했습니다. 그들은 주인의 재산이기 때문입니다. 만약 처자식과 함께 있고 싶다면, 그 집의 영원한 종으로 살아야 했습니다. 라반은 야곱을 가족으로 대하지 않고, 정말 자신의 종으로만 여겼던 것입니다.

이러한 야곱의 요청에 대해 라반의 반응은 어땠을까요? 그는 야곱을 전혀 보내줄 마음이 없었습니다. 야곱이 자신에게 큰 이익을 가져다주고 있었으니, 순순히 놓아줄 리가 없었습니다. 라반은 겉으로는 그럴듯한 말을 꾸며내며 야곱의 요청을 일언지하에 거절합니다. "여호와께서 너로 말미암아 내게 복 주신 것을 내가 깨달았노니 네가 나를 사랑스럽게 여기거든 그대로 있으라"(창 30:27). 겉으로 보면 야곱을 소중히 여기는 것 같지만, 이 말의 진짜 의미는 "너는 절대 내 곁을 떠날 수 없다"는 뜻이었습니다.

야곱을 붙잡고 싶었던 라반은 지난 14년간 일한 것은 자신의 딸들을 얻는 대가였으니, 이제부터는 품삯을 주겠다고 제안합니다. "네 품삯으로 원하는 바를 한번 정해 보라"고 말하기까지 합니다. 그러나 이 말을 들은 야곱은 지난 14년 동안 라반의 밑에서 일하며 그가 어떤 사람인지 너무나 잘 알고 있었습니다. 원하는 대로 주겠다고 하는 말이 사실은 "너를 절대 놓아주지 않겠다"는 뜻인 것을 야곱은 이미 간파한 것입니다.

야곱은 이렇게 대답합니다. "제가 지난 14년간 어떻게 일했는지 외삼촌께서 잘 아시지 않습니까? 제가 오기 전에는 외삼촌의 소유가 적었지만, 제가 온 후로 큰 무리를 이루게 되었습니다. 외삼촌이 지금처럼 크게 번성한 것은 모두 하나님께서 저로 인해 복을 주신 결과입니다. 하나님께서 외삼촌에게 이렇게 많은 것을 베풀어주셨다면, 이제 외삼촌도 그 복의 통로였던 저에게 무언가를 해줄 수 있지 않겠습니까? 저도 이제는 제 가정을 꾸리고 싶습니다."

그러면서 야곱은 자신이 얼마나 열심히 일했는지 구체적인 이야기까지 꺼냅니다. "내가 이 이십 년을 외삼촌과 함께 하였거니와 외삼촌의 암양들이나 암염소들이 낙태하지 아니하였고, 또 외삼촌의 양 떼에 숫양을 내가 먹지 아니하였으며, 물려 찢긴 것은 내가 외삼촌에게로 가져가지 아니하고, 낮에 도둑을 맞았든지 밤에 도둑을 맞았든지 외삼촌이 그것을 내 손에서 찾았으므로 내가 그것을 스스로 보충하였으며, 내가 이와 같이 낮에는 더위와 밤에는 추위를 무릅쓰고 눈 붙일 겨를도 없이 지냈나이다"(창 31:38-40).

라반은 정말 가혹한 주인이었습니다. 그는 유산된 가축까지도 변상하게 했고, 도둑맞은 것은 말할 것도 없이 모두 야곱에게 물어내게 했습니다. 야곱은 혹독한 더위와 추위를 견뎌야 했고, 잠시도 눈 붙일 겨를 없이 일해야 했습니다. 이처럼 라반은 야곱을 마치 자신의 종처럼 부렸습니다. 야곱이 그에게 큰 이득을 가져다주는 한, 절대 놓아줄 사람이 아니었던 것입니다.

야곱의 이야기를 다 들은 라반이 말했습니다. "그래, 내가 무엇을 해주면 좋겠느냐? 무엇을 해주면 계속 머무를지 말해보라." 이 말에 야곱은 뜻밖의 제안을 합니다. "아무것도 주지 않으셔도 좋습니다. 지금까지의 일은 없던 일로 하고, 이제부터 태어나는 양과 염소 중에 아롱지거나 점이 있거나 검은 것들만 제 품삯으로 주십시오." 야곱은 일반적인 품삯 대신 아주 독특한 것을 요구했습니다.

여러분, 양은 보통 무슨 색깔입니까? 흰색입니다. 얼룩무늬는 돌연변이라서 많지 않고, 태어날 확률도 그리 높지 않습니다. 야곱은 라반이 양과 염소를 그냥 줄 사람이 아니라는 것을 잘 알고 있었습니다. 분명히 또 다른 속임수를 써서 아무것도 주지 않고, 자신을 끝까지 붙잡아 둘 사람이라고 생각했습니다. 그래서 야곱은 명확하게 구분할 수 있는 얼룩무늬 양과 염소만을 달라고 요구한 것입니다.

야곱과 라반은 서로를 신뢰하지 않았기 때문에, 야곱은 누구나 쉽게 확인하고 명확하게 계산할 수 있는 것으로 품삯을 정했습니다. 게다가 이는 일반적인 품삯보다 훨씬 적은 양이었습니다. 당시 양치기의 보통 임금은 태어난 양의 20% 정도였다고 합니다. 하지만 돌연변이가 20%나 나올 확률은 없기 때문에, 야곱은 사실상 아주 적은 품삯을 요구한 것입니다. 자신에게 손해가 아니라고 생각한 라반은 이 제안을 흔쾌히 받아들였습니다.

야곱과 계약을 맺자마자 라반은 곧바로 행동에 나섰습니다. 그는 아들들을 모두 불러 얼룩무늬가 있는 가축, 즉 아롱지고 점이 있고 검은 가축은 분리해 사흘 길이나 떨어진 곳으로 보내버렸습니다. 야곱에게는 오직 하얀 양 떼와 검은 염소 떼만 맡겼습니다. 그러면서 그중에서 태어나는 모든 돌연변이가 야곱의 품삯이라고 말했습니다. 이렇게 도둑 같은 발상이 어디 있겠습니까? 하얀 양과 검은 염소만 있는 무리에서 얼룩무늬가 나올 확률은 거의 없을 것입니다. 이는 야곱에게 단 하나도 줄 수 없다는 라반의 완고한 의지를 보여주는 행동이었습니다.

그런데 재미있는 것은 이런 라반의 행동이 오히려 야곱에게 빈틈을 만들어 주었다는 것입니다. 감시자들이 모두 사흘 길 멀리 떨어져 있었기 때문입니다. 야곱은 앉아서 당하지 않았습니다. 그는 본래 남의 발뒤꿈치를 잡고, 팥죽을 쑤어서라도 자신의 것을 얻어내는 사람이 아니었습니까? 야곱은 버드나무, 살구나무, 신풍나무 가지의 껍질을 벗겨 얼룩무늬를 만들었습니다. 껍질을 벗겨낸 하얀 속살과 가지 색깔이 교차하는 무늬를 만든 후, 그것을 양 떼와 염소 떼가 물을 마시는 구유 앞에 세워 두었습니다. 그 결과, 가축들이 물을 마시러 와서 그 얼룩무늬 나뭇가지를 보며 교미할 때, 놀랍게도 얼룩무늬 새끼가 태어났습니다.

제가 질문 하나 하겠습니다. 가축이 새끼를 가질 때 얼룩무늬를 보여주면 얼룩무늬 가축이 태어날까요? 얼룩무늬를 본다고 얼룩무늬가 나오는 것은 아닙니다. 그런데 참 신기하게도 그렇게 했더니 정말 돌연변이가 나타나는 것입니다. 그것도 아주 가끔 나오는 것이 아니라, 보여주는 대로 나오는 것입니다. 마치 이삭이 우물을 팔 때마다 물이 터져 나왔던 것처럼, 야곱이 보여줄 때마다 돌연변이가 나왔습니다. 누가 이렇게 하는 것입니까? 바로 하나님께서 그렇게 하시는 것입니다.

야곱은 그냥 아무렇게나 가축들에게 얼룩무늬를 보여준 것이 아니었습니다. 야곱은 그렇게 허술한 사람이 아닙니다. 그는 튼튼하고 건강한 양이나 염소들이 새끼를 밸 때만 얼룩무늬를 보여주었고, 약하고 비실비실한 가축들에게는 나뭇가지가 보이지 않게 했습니다. 이런 식으로 6년이 지나자 놀라운 결과가 나타났습니다. 튼튼하고 건강한 가축들은 모두 야곱의 소유가 되었고, 약한 가축들만 외삼촌 라반에게 남게 된 겁니다. 원래 조용하고 집 안에만 있던 야곱이었지만, 이 일을 통해 목축의 대가가 되었습니다. 그 결과, 성경 창세기 30장 43절 말씀처럼 "이에 그 사람이 매우 번창하여 양 떼와 노비와 낙타와 나귀가 많았더라"는 축복을 받게 됩니다. 하나님께서 20년 치 품삯을 넉넉하게 돌려주신 것입니다.

정리하겠습니다. 먼저 야곱은 스스로 해결할 수 없는 아주 난처한 상황에 처하게 됩니다. 바로 두 아내 레아와 라헬 사이에 끼이게 된 것입니다. 이것은 야곱이 원했던 것이 아니라, 라반의 속임수 때문에 벌어진 일이었습니다. 두 자매의 끝없는 경쟁과 갈등 속에서 야곱은 누구 편도 들 수 없었고, 어떻게 해야 할지 몰라 고통스러웠습니다. "내가 하나님을 대신하랴"라고 말하며 숨죽일 수밖에 없었습니다. 하지만 놀랍게도 하나님이 직접 일하신 것입니다. 합환채나 대리모 같은 인간적인 방법들이 아닌, 하나님께서 라헬을 기억하시고 레아를 돌보심으로써 모든 상황을 해결해 주셨습니다. 이 일을 통해 야곱은, 결국 모든 일이 하나님의 손에 달려 있다는 것을 뼈저리게 깨닫게 되었습니다.

사실 야곱은 자신이 하나님을 대신하려고 하다가 이 지경까지 오게 된 것입니다. 그는 20년이라는 긴 시간 동안 고통을 겪으며, 자신이 아닌 오직 하나님만이 모든 것을 하실 수 있다는 진리를 뼈저리게 배웠습니다. 그리고 정말 하나님께서 직접 나서셨습니다. 야곱에게는 견디기 힘들고 죽을 것만 같은 시간이었지만, 하나님께서는 그 고난 속에서 이스라엘 열두 지파를 이루셨습니다. 그분의 약속처럼 하늘의 별과 같은 수많은 자손의 기초를 놓으신 것입니다.

두 번째는 야곱이 자기 힘으로는 도저히 어떻게 할 수 없는 인간, 곧 라반을 만났다는 것입니다. 라반은 14년, 나아가 20년간의 품삯을 한 푼도 주지 않으려 했고 야곱을 놓아주려 하지 않았습니다. 그야말로 악덕 주인이 따로 없었습니다. 더 큰 문제는 라반이 단순한 주인이 아니라, 자신의 외삼촌이자 장인이었다는 점입니다. 아내들과 자식들이 모두 라반의 가족과 얽혀 있었기 때문에, 야곱은 그와 맞서 싸울 수도, 합리적인 해결책을 찾을 수도 없었습니다. 그는 완전히 덫에 걸려 속수무책으로 당할 수밖에 없는 상황이었던 것입니다.

그러나 하나님께서 어떻게 하셨습니까? 라반의 소유를 야곱에게로 옮기셨는데, 그 방법이 참 놀랍습니다. 라반이 직접 동의하고 약속한 방식이었기 때문에 그 누구도 문제 삼을 수 없었습니다. 결국 야곱은 20년 동안 받지 못했던 품삯을 모두 돌려받았을 뿐만 아니라, 그 이상으로 넉넉하게 보상받게 되었습니다.

우리가 살다 보면 피하고 싶어도 어쩔 수 없이 이런 상황에 놓일 때가 있습니다. 이러지도 저러지도 못하고, 답이 보이지 않는 사람을 만날 때가 있습니다. 가족이 아니었다면, 그냥 남이었다면 어떻게든 해결해 보겠지만, 외삼촌이고 장인이다 보니 아내와 아이들을 생각해서라도 속수무책으로 당할 수밖에 없는 상황 말입니다.

그러나 여러분, 그 모든 상황 위에 하나님이 계시고, 그 모든 사람 위에 하나님이 계신 줄 믿습니다. 하나님은 어떤 어려운 상황 속에서도 충분히 일하실 수 있고, 당신의 백성을 돌보며 지켜주십니다. 결국 모든 것이 합력하여 선을 이루게 하시는 그분의 역사를 믿으시기 바랍니다.

"그러나 이 모든 일에 우리를 사랑하시는 이로 말미암아 우리가 넉넉히 이기느니라"(롬 8:37)

모든 일 위에 하나님이 계십니다. 모든 사람 위에 하나님이 계십니다. 하나님은 모든 것을 합력하여 선을 이루게 하실 것입니다. "내가 하나님을 대신하랴." 이 고백을 배우고, 여러분의 것으로 만드십시오. 하나님보다 앞서지 말고, 오직 하나님을 신뢰하며 그분을 따라 걸어가십시오. 그러면 이 모든 일에서 우리를 사랑하시는 이로 말미암아 우리가 넉넉히 이기게 될 것입니다. 아멘.

라반 - 야곱 전쟁의 결말 • 창 31:1-55

"라반이 아침에 일찍이 일어나 손자들과 딸들에게 입맞추며 그들에게 축복하고 떠나 고향으로 돌아갔더라"(창 31:55)

집으로 돌아가라

야곱의 재산이 점점 불어났습니다. 마치 다윗의 집이 점점 강성해지고 사울의 집이 점점 약해졌던 것처럼, 야곱은 점점 부유해졌지만 라반의 재산은 점점 줄어들었습니다. 라반의 아들들은 "야곱이 우리 아버지의 재산을 다 빼앗고 우리 아버지의 소유로 거부가 되었다"며 불만을 터뜨렸습니다. 야곱 역시 라반의 얼굴빛이 전과 달라진 것을 보며 위험을 직감했습니다. 라반은 결코 가만히 당하고만 있을 사람이 아니었고, 언제든 무슨 짓을 할지 모르는 사람이었습니다.

야곱이 위험에 처하게 된 바로 그때, 하나님이 나타나셨습니다. "여호와께서 야곱에게 이르시되 네 조상의 땅 네 족속에게로 돌아가라 내가 너와 함께 있으리라 하신지라"(창 31:3). 하나님께서는 야곱에게 이제 돌아갈 때가 되었다고 말씀하셨습니다. 하지만 문제는 역시 라반이었습니다. 그는 결코 야곱을 순순히 보내줄 사람이 아니었습니다. 그러나 하나님이 직접 돌아가라고 명하셨으니, 그분이 그렇게 하실 것입니다. 라반보다 훨씬 크신 하나님이 이제 움직이실 것입니다.

아브라함이 하란을 떠나 약속의 땅으로 무사히 들어온 것처럼, 리브가가 하란을 떠나 약속의 땅으로 안전하게 온 것처럼, 야곱도 하란을 떠나 약속의 땅으로 무사히 돌아오게 될 것입니다. 20년 전, 형 에서를 피해 도망칠 때 나타나셔서 동행과 보호와 무사 귀환을 약속하셨던 하나님이 그 약속대로 20년간 한결같이 야곱과 동행하며 보호해 주셨습니다. 바로 그 하나님이 이제 야곱을 집으로 무사히 돌아가게 해주실 것입니다.

함께 갑시다 내 아버지집

야곱이 라헬과 레아를 들로 불러냈습니다. 왜 들로 불렀을까요? 과거 아버지 이삭과 형 에서가 몰래 이야기하는 것을 어머니 리브가가 장막 밖에서 엿듣고, 야곱이 대신 복을 가로챈 경험이 있었습니다. 그래서 야곱은 아무도 엿들을 수 없도록 아내들을 들로 불러냈던 것입니다.

야곱은 아내들을 설득하기 위해 무슨 말을 해야 할까요? 어떻게 해야 그들이 고향과 아버지 라반을 떠나는 데 동의하게 할 수 있을까요? 특히 자신들과 달리 점점 가세가 기울고 있는 아버지를 떠나야 한다는 말에 그 딸들이 어떻게 흔쾌히 동의하겠습니까? 야곱은 라반의 안색이 이전과 달라졌다고 말합니다. 사실 사람의 안색은 상황에 따라 수시로 변하기 마련입니다. 오직 하나님만 얼굴빛을 바꾸지 않으시고, 언제나 변함없이 우리에게 은혜를 베푸십니다.

그런데 라반은 단순히 안색만 바꾸는 사람이 아니었습니다. 그는 심지어 딸을 바꿔치기하고 품삯까지도 자기에게 유리한 대로 마음대로 바꿨습니다. 야곱은 아내들에게 이렇게 말합니다.

"그대들의 아버지는 예전과 달라졌지만, 하나님은 늘 동일하게 나와 함께하셨다. 그대들도 알다시피 내가 지난 20년간 최선을 다해 라반을 섬겼는데도, 그는 품삯을 무려 열 번이나 바꾸었다." 야곱이 아버지를 한 번 속였는데, 자신은 라반에게 열 번이나 속임을 당했습니다. 라반은 야곱보다 열 배나 더 큰 거짓말쟁이요 사기꾼이었던 셈입니다. 야곱은 바로 그 라반의 계획대로 되지 않게 막아주신 분이 하나님이셨다고 아내들에게 이야기했습니다.

또한 야곱은 아내들에게 "하나님께서 라반의 가축을 빼앗아 내게 주셨다"고 설명했습니다. "지금 그대들의 아버지는 내가 자기 것을 빼앗았다고 생각하지만, 사실은 원래 내 것이었던 것을 하나님이 나에게 주신 것이다"라고 말하며 라반에게서 부당하게 빼앗았다고 생각하지만, 하나님께서 공의롭게 회복시켜 주신 결과임을 밝혔습니다.

야곱은 매우 치밀한 사람입니다. 사실 라반이 야곱을 가장 크게 속인 사건은 결혼 문제였습니다. 라반은 야곱에게 라헬을 아내로 주기로 약속해 놓고는, 언니인 레아를 대신 주었습니다. 하지만 야곱은 이 가장 중요한 사건은 쏙 빼고 이야기합니다. 이는 아내들도 관련된 문제였기 때문입니다. 지금은 아내들의 동의를 얻어야 하는 상황이어서, 아내들의 심기를 건드릴 만한 이야기는 피하고 라반이 품삯을 열 번이나 바꿨다는 사실만 강조하는 것입니다.

야곱은 아내들에게 어젯밤에 꾼 꿈 이야기를 들려줍니다. 야곱에게 꿈은 항상 특별했습니다. 처음 홀로 도망칠 때도 하나님은 꿈에 나타나 그와 함께 하시고, 그를 지키시며, 다시 돌아오게 해 주겠다고 약속하셨습니다. 이번 꿈에서 하나님은 눈에 보이는 양 떼가 모두 야곱의 것이라고 하시며, 그의 얼룩무늬 양 떼가 번성하는 것을 보여주셨습니다. 라반이 야곱에게 한 모든 일을 하나님이 다 보셨다는 말씀에 야곱은 울컥했을 것입니다. 지난 20년간 겪은 억울한 일들을 아내들이나 일꾼들 중 그 누구에게도 말하지 못하고 속으로만 삼켜왔는데, 하나님이 "야곱아, 내가 다 보았다. 다 알고 있다. 그래서 내가 그의 것을 빼앗아 너에게 준 것이다"라고 말씀하신 것입니다. 하나님은 자신을 벧엘의 하나님, 즉 야곱이 처음 도망칠 때 나타나셨던 그 하나님이라고 밝히시며, 벧엘에서 기둥에 기름을 붓고 서원한 것을 기억하고 이제 이곳을 떠나 고향으로 돌아가라고 명하셨습니다.

야곱은 벧엘에서 만난 하나님을 잊었을지도 모릅니다. 형을 피해 허겁지겁 도망치다 돌베개를 베고 잠든 그날 밤, 하나님은 벧엘에서 그에게 나타나 세 가지 약속을 하셨습니다. "내가 너와 함께할 것이고, 너를 지켜 보호할 것이며, 무사히 집으로 돌아오게 해 주겠다"는 약속이었습니다. 이에 야곱 또한 하나님이 정말 자신과 동행하고, 보호하며, 무사히 돌아오게 해 주신다면 세 가지를 약속하겠다고 했습니다.

야곱이 하나님께 약속한 세 가지는 다음과 같습니다. 첫째, 이제까지 할아버지 아브라함과 아버지 이삭의 하나님이었지만, 오늘부터는 저의 하나님으로 섬기겠습니다. 둘째, 세상 모든 곳이 하나님의 집인 줄 알고 제가 머무는 모든 곳에서 하나님께 예배하겠습니다. 셋째, 제게 있는 모든 것이 하나님께서 주신 선물임을 깨닫고, 그 소유의 십분의 일을 하나님께 드리겠습니다.

고된 세월을 보내는 동안 야곱은 벧엘의 하나님을 잊었을지 모르지만, 하나님은 그 약속을 잊지 않으셨습니다. 그래서 "나는 벧엘의 하나님이다. 동행, 보호, 귀환의 약속을 지키는 하나님이다. 이제 집으로 돌아갈 때다"라고 말씀하신 것입니다. 아무것도 없이 빈손으로 도망쳤던 야곱은 이제 아내와 자식들, 그리고 많은 가축과 재물도 얻었습니다. 이 모든 것을 하나님께서 주신 것이니, 이제는 자신을 믿고 돌아가라는 말씀이었습니다.

야곱이 아내들에게 하는 말의 요지는 이렇습니다. "나는 그대들의 아버지를 정성껏 섬겼지만, 그대들의 아버지는 나를 속이고 모든 것을 빼앗으려 했다. 하지만 하나님께서 그 모든 것을 되돌려주셨고, 이제 고향으로 돌아가라고 말씀하셨다."

야곱의 말에 대해 라헬과 레아는 이렇게 답했습니다. "우리가 우리 아버지 집에서 무슨 분깃이나 유산이 있으리오. 아버지가 우리를 팔고 우리의 돈을 다 먹어버렸으니 아버지가 우리를 외국인처럼 여기는 것이 아닌가"(창 31:14-15). 사실 그들도 아버지에게 섭섭한 일이 많았기에, 야곱에게 하신 하나님의 말씀대로 따르자고 뜻을 모은 것입니다. 평소에는 사이가 좋지 않던 라헬과 레아가 이 일에 있어서는 한마음이 되어 야곱을 지지해 주었습니다.

이 딸들은 결혼 지참금 문제로 아버지에게 크게 서운해하고 있습니다. 그 시대에는 딸들이 상속을 받을 수 없었기 때문에, 신랑이 지불한 지참금이 딸들의 몫이었습니다. 그런데 라반은 라헬을 위한 7년, 레아를 위한 7년, 총 14년간의 품삯을 딸들에게 한 푼도 주지 않고 자신이 모두 가로챘습니다. 딸들의 입장에서 보면, 아버지가 자신들을 팔아 돈을 독차지했으니 마치 외국인 노예 취급을 받는 것처럼 느꼈을 것입니다. 그러므로 그들은 야곱에게 "하나님이 아버지에게서 취하신 재물은 우리와 우리 자녀의 것이니, 이제 하나님이 말씀하신 대로 다 하세요"라고 말하는 것입니다.

아내들은 하나님께서 야곱에게 주신 모든 것이 자기들과 자녀들의 것이므로 이제 그것을 가지고 집으로 돌아가야 한다고 동의했습니다. 이들의 말을 잘 들어보면, 야곱과 아내들의 생각이 서로 달랐음을 알 수 있습니다. 야곱은 이 재물을 20년간의 품삯으로, 하나님이 자신을 위해 챙겨주셨다고 생각했습니다. 반면, 아내들은 하나님이 자기들과 자녀를 위한 결혼 지참금을 챙겨주셨다고 여겼습니다. 같은 하나님의 역사 앞에서도 각자 자신에게 유리한 대로 생각하고 해석한 것입니다. 우리도 혹시 이런 오류를 범하고 있지는 않은지 점검할 필요가 있습니다.

야반도주

아내들의 동의를 얻은 야곱은 곧바로 일어나 아내들과 자식들, 모든 가축과 소유물을 이끌고 떠나고자 했습니다. 이곳에 야곱이 혼자 왔을 때와는 달리, 지금은 대가족을 이끌고 대이동을 하는 셈이었습니다. 야곱은 양털 깎는 날을 떠나는 날로 정했습니다. 목축업자들에게 양털 깎는 날은 농부들에게 추수하는 날과 같습니다. 양털을 팔아 일년 생계를 꾸려갈 수입을 얻는 날입니다. 일년 중 가장 기쁜 날이었을 것입니다.

당시에는 목자들이 보통 150명에서 400명씩 모여 5일에서 12일 동안 양털을 깎았습니다. 이는 일 년 동안의 목축업을 결산하고 수익을 내는 매우 중요한 행사였습니다. 라반이 이 행사에 몰두해 있는 사이, 야곱은 그에게 알리지 않고 몰래 도망쳤습니다. 양털 깎는 시기를 틈타 라반을 속이고 야반도주하듯 떠난 것입니다.

게다가 라헬은 라반의 드라빔을 도둑질해 갔다고 기록하고 있습니다.

이것은 근동 지역에서 출토된 드라빔입니다. 드라빔은 일종의 우상인데, 사람 키만 한 것부터 손바닥만 한 것까지 그 크기가 다양했습니다. 사람들은 이것이 안전한 여행을 할 수 있게 지켜주고 조상신의

〈그림 2. 고대에 가정신으로 섬겼던 드라빔〉

축복을 가져다준다고 믿었습니다. 따라서 라헬은 아버지의 드라빔을 가져가 아버지의 복을 자신이 상속받으려는 의도가 있었습니다. 마치 야곱이 아버지의 복을 훔쳤듯이, 라헬도 아버지의 복을 훔친 것입니다.

절대 놓아줄 수 없다

야곱 일행이 도주한 지 사흘 만에 라반이 그 사실을 알게 되었습니다. 라반은 그들이 간다고 그냥 가도록 내버려 두는 사람이 아니었기에 즉시 그들을 추격합니다. 야곱이 도망친 지 열흘째, 라반은 7일간의 추격 끝에 길르앗 산에서 야곱 일행을 붙잡았습니다.

야곱의 대가족은 하란에서 유프라테스 강을 건너서 길르앗 산까지 약 540km의 먼 거리를 이동해 왔습니다. 길르앗 산만 넘으면 가나안 땅인데, 거의 다 와서 붙잡힌 것입니다. 하란에서 길르앗 산까지는 보통 보름

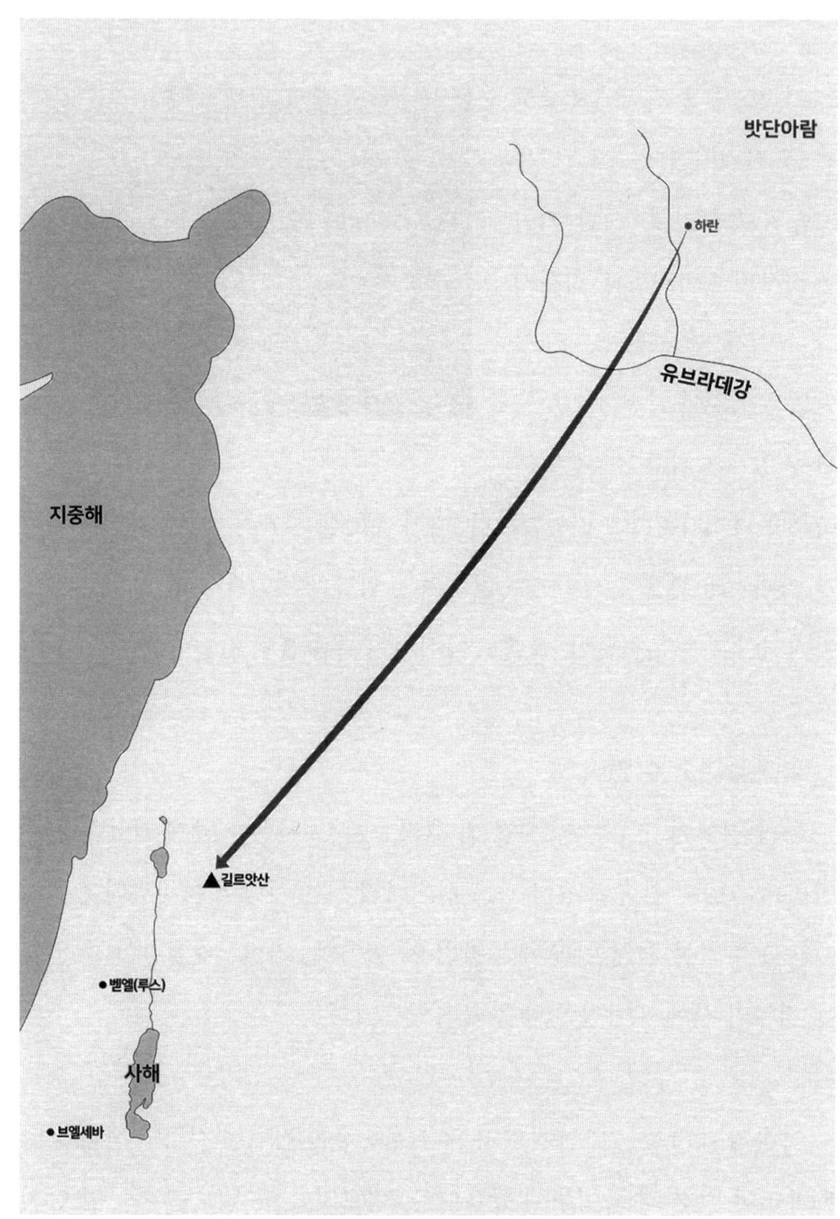

〈지도 6. 길르앗 산에서 잡히다〉

정도 걸리지만, 야곱 일행은 가축까지 이끌고 열흘 만에 온 것입니다. 심지어 라반은 그들을 맹렬히 뒤쫓아 7일 만에 따라잡았습니다. 야곱은 필사적으로 도망쳤고, 라반은 죽기 살기로 쫓아온 끝에 결국 가나안 땅을 목전에 둔 길르앗 산에서 두 사람은 마주하게 된 것입니다.

라반은 타이르고 용서하고 관용을 베푸는 인물이 아닙니다. 자신의 이익을 위해서는 자식도 봐주지 않고 최소한의 도리에도 구애받지 않는 사람이어서 야곱은 이제 모든 게 끝났다고 생각했습니다. 그런데 그 전날 밤 놀라운 일이 일어났습니다. 야곱의 꿈에 나타나 고향으로 돌아가라고 명하셨던 하나님이 라반의 꿈에 나타나셔서 이렇게 말씀하셨습니다. "밤에 하나님이 아람 사람 라반에게 현몽하여 이르시되 너는 삼가 야곱에게 선악간에 말하지 말라 하셨더라"(창 31:24).

하나님이 선악간에 아무 말도 하지 말라고 하신 것은 야곱과의 대화를 금지한 것이 아닌 야곱에 대한 보복을 금지한 명령이었습니다. 야곱에게 어떤 해코지도 하지 말라는 경고였습니다. 바로의 꿈에 나타나 아브라함과 사라를 지켜주셨던 하나님, 아비멜렉의 꿈에 나타나 이삭과 리브가를 지켜주셨던 하나님이 이제 라반의 꿈에 나타나 야곱과 그의 가족을 지켜주신 것입니다. 이처럼 하나님은 모든 것을 보고 계시며, 필요할 때마다 반드시 개입하십니다.

야곱을 만난 라반은 그를 책망하기 시작했습니다. 하나님이 야곱을 해치지 말라고 경고하셨음에도, 라반은 그의 잘못을 따져야 한다고 생각했을 것입니다. 라반이 따지는 것은 크게 두 가지였습니다. 첫째, 떠난 방식에 대한 것이었습니다. 그는 야곱이 적절한 절차를 밟지 않고 떠난 것에 대해서 이의를 제기하였습니다. 둘째, 드라빔을 도둑질한 것이었습니다. 라반은 누군가 자신의 드라빔을 훔쳐갔다고 생각했습니다.

라반의 말을 들어보십시오. "네가 나를 속이고 내 딸들을 칼에 사로잡은 자 같이 끌고 갔으니 어찌 이같이 하였느냐?" 여기서 라반은 라헬과 레아를 여전히 '내 딸들'이라고 부르며 소유권을 주장합니다. 야곱의 아내가 된 지 20년이 지났음에도 야곱의 아내가 아닌 '자신의 딸'로 인식하고 있는 것입니다. 또한, "어찌 이같이 하였느냐"라는 말은 과거 야곱이 결혼식 다음 날, 신부가 레아인 것을 확인하고 외삼촌에게 달려가서 했던 말인데, 그 말을 지금 라반이 똑같이 하는 것입니다.

"내가 즐거움과 노래와 북과 수금으로 너를 보냈겠거늘." 라반은 야곱이 떠난다는 것을 알았더라면 음악을 곁들여 성대한 환송식을 해서 보냈을 텐데 왜 몰래 도망쳤는지 따집니다. 하지만 이것은 새빨간 거짓말입니다. 라반이 결코 그렇게 해줄 사람이 아니라는 것을 야곱은 잘 알고 있습니다.

라반은 "왜 몰래 도망쳤느냐"라고 따지면서 "내가 너를 해할 능력이 있다"고 위협합니다. 야곱의 모든 소유와 딸들, 심지어 손주들까지 빼앗고

투옥시키거나 처형할 능력이 자신에게 있지만, 야곱의 아버지의 하나님이 간밤에 나타나서 아무것도 하지 말라고 경고하셨기에 멈추겠다고 말합니다. 라반 위에 하나님이 계셨던 것입니다.

그러면서 라반은 "네가 고향으로 가고 싶어 하는 마음은 옳고, 그것을 이해하지만, 왜 내 우상을 훔쳐갔느냐. 나는 너의 하나님을 존중하는데, 너는 왜 내 신을 존중하지 않느냐"라고 야곱을 비난했습니다.

야곱은 라반이 자신의 아내들을 빼앗아 갈까 두려워서 몰래 떠났다고 대답하며, 자신은 아무것도 훔치지 않았다고 단호하게 말합니다. 라헬이 드라빔을 훔친 사실을 전혀 모르는 야곱은 이렇게 덧붙입니다. "만약 훔친 물건이 발견되면, 그 사람은 죽을 것이요, 제가 모든 것을 배상하겠습니다."

이제 수색이 시작되었습니다. 라반은 야곱의 장막부터 레아와 두 여종의 장막까지 샅샅이 뒤졌지만, 아무것도 찾지 못했습니다. 마지막으로 라헬의 장막에 들어갔을 때, 라헬은 낙타 안장 아래에 드라빔을 숨겨 깔고 앉아 있었습니다. 그녀는 라반에게 생리 중이라 일어나 맞이하지 못한다고 둘러댔고, 라반은 결국 드라빔을 찾지 못했습니다.

그는 하나하나 손으로 들춰보며 아주 철저하고 엄하게 수색했을 것입니다. 야곱의 아버지 이삭은 손으로 철저하게 그 아들의 얼굴을 만져보며 진짜 에서인지 확인했지만 실패했었습니다. 라헬의 아버지 라반도 손으로 샅샅이 뒤졌지만, 손댈 수 없는 곳에 라헬이 교묘히 숨긴 드라빔을 찾을 수 없었습니다. 이제 야곱의 반격이 시작됩니다.

축복하고 돌아갔더라

야곱은 라반을 향해 "대체 무슨 허물이 있기에 저를 쫓아왔습니까?"라고 따집니다. 그러면서 "사실 진짜 도둑은 당신입니다. 20년 동안 내 품삯을 도둑질하지 않았습니까?"라며 그동안의 설움을 토해냅니다. 라반은 야곱이 돌보던 가축이 유산하거나 들짐승의 피해를 입거나 심지어 도난당한 것까지 모두 변상하게 했습니다. 당시 법으로는 재해나 들짐승의 공격으로 인한 피해에 대해 목자에게 책임을 묻지 않았지만, 라반은 그 모든 것을 야곱에게 물게 했던 것입니다. 야곱은 더위와 추위를 견디며 눈붙일 틈도 없이 가축을 돌보던 지난 세월에 대한 울분을 쏟아냈습니다.

야곱은 집을 좋아하던 조용한 남자에서 강인한 남자로 변했습니다. 그는 라반을 거침없이 책망하며 말합니다. "제가 외삼촌의 두 딸을 위해 14년, 외삼촌의 양 떼를 위해 6년, 총 20년 동안 일했습니다. 그러나 외삼촌은 제 품삯을 열 번이나 바꾸셨습니다. 만약 하나님께서 외삼촌을 제어하고 막아주시지 않았다면, 저는 빈손으로 쫓겨났을 것입니다. 그렇기에 어젯밤에 하나님께서 외삼촌을 꾸짖으셨습니다." 야곱은 "하나님이 함께하시지 않았다면, 나는 빈털터리로 쫓겨났을 것이고, 아무것도 얻지 못했을 것입니다. 하나님이 함께해 주셨기에 모든 것을 얻고 지킬 수 있었습니다"라는 강력한 신앙고백을 합니다.

라반은 아무 말도 못 했습니다. 꾀 많은 여우처럼 행동했지만, 결국 스스로 놓은 덫에 걸린 꼴이었습니다. 라반은 "내 딸들과 손주들, 이 양 떼들까지 다 내 것인데, 내가 너를 어떻게 해하겠느냐"라고 말합니다. 그는 여전히 이 모든 것을 자기 것이라 여겼던 겁니다. 라반은 "다 내 것인데 내가 너를 어찌 해하겠느냐"며 야곱과 언약을 맺기 위해 돌기둥을 세웠습니다. 야곱이 평생 세 개의 돌기둥을 세웠는데, 첫 번째는 에서를 피해 도망칠 때 20년 전에 벧엘에서 쌓았던 것이고, 이번이 두 번째였습니다.

야곱은 돌기둥을 쌓으며 라반에게 두 가지를 약속합니다. 첫째, 라반의 딸들을 함부로 대하지 않겠다는 것. 둘째, 이 돌기둥이 세워진 경계를 넘어 침범하지 않겠다는 것입니다. 사실 라반은 약속을 지키지 않는 사람입니다. 야곱은 라반이 아니라 하나님 앞에서 맹세합니다. 야곱은 라반과의 약속을 마치 하나님께 대한 맹세처럼 받아들입니다. 첫 번째 돌기둥을 쌓을 때도 하나님 앞에서 약속했었는데, 야곱은 이번에도 약속합니다. "하나님, 제 아내들을 박대하지 않고 소중히 여기겠습니다. 제게 힘이 생겼다고 해서 이 경계를 넘어 라반에게 복수하거나 해를 입히지 않겠습니다."

라반과 야곱의 20년간 이어진 치열한 갈등은 "라반이 아침에 일찍 일어나 손자들과 딸들에게 입 맞추며 그들에게 축복하고 떠나 고향으로 돌아갔더라"(창 31:55)라는 구절로 마무리됩니다. 서로 속고 속이던 이들의 관계는 결국 평화와 축복 속에서 정리됩니다. 사실 야곱과 라반은 서로 축복할 수 없는 관계였지만, 마지막 순간 평화롭게 각자의 길로 돌아갑니다. 이렇게 두 사람의 관계가 극적으로 변화하고 평화롭게 마무리되게 하신 분은 누구일까요? 바로 하나님이십니다.

여러분, 지금 라반 밑에서 혹독하게 고생하고 계십니까? 마치 야곱이 라반과 겪었던 것과 같은 치열한 갈등을 겪고 있다면, 하나님이 그 모든 것을 지켜보고 계신다는 사실을 기억하십시오. "라반이 네게 했던 일을 내가 다 보고 있다"라고 말씀하신 하나님은 때가 되면 반드시 개입하셔서 모든 것을 제자리로 돌려놓으십니다. 야곱이 결국 평안히 고향으로 돌아갈 수 있었던 것처럼, 우리 또한 평화로운 결말을 맞이하게 될 것입니다. 야곱의 하나님이 바로 우리가 믿는 하나님이시기에, 야곱이 겪었던 일의 결말이 우리의 결말이 될 것이라 믿습니다.

야곱을 힘들게 한 또 다른 적은 바로 시간이었습니다. 야곱은 처음에는 며칠만 머물다 갈 생각이었지만, 레아를 위해 7년, 라헬을 위해 7년, 그리고 라반에게 속아 6년, 무려 20년이라는 긴 세월을 보내게 됩니다. 언제쯤 자신의 가정을 꾸릴 수 있을지 막막했던 그 시간은 결코 헛되지 않았습니다. 만약 20년의 시간이 없었다면 야곱은 얍복 나루터에서 하나님께 전심으로 매달리지 못했을 것입니다. 하나님만이 유일한 해결책임을 깨닫지 못했다면 또 다른 꾀를 냈을지도 모릅니다. 하지만 20년의 기다림 끝에 야곱은 모든 문제의 해결자는 오직 하나님뿐임을 배우게 됩니다. 그리고 그는 에서와 화해하고 평화롭게 각자의 집으로 돌아갈 수 있었습니다.

너무 조급해하지 마십시오. 때가 되면 하나님께서 반드시 개입하실 것입니다. 때가 되면 하나님께서는 아내들의 마음을 움직여 주시고, 라반의 꿈에도 나타나셔서 악인들을 막아주실 것입니다. 하나님이 약속하신 대로 안전하게 집으로 돌아갈 수 있게 도와주실 것입니다. 우리의 최종 목적지는 하란이 아니라, 약속의 땅이라는 사실을 기억하십시오. 시간이 지체된다고 해서 좌절하거나 포기하지 마십시오. 초조해하지도 말고, 하나님의 때가 되면 반드시 개입하셔서 모든 일이 해결될 것이라는 믿음을 가지십시오. 지금 있는 자리에서 하나님을 신뢰하며 믿음으로 살아가는 하루가 되시기를 바랍니다.

"그가 이르되 네 이름을 다시는 야곱이라 부를 것이 아니요 이스라엘이라 부를 것이니 이는 네가 하나님과 및 사람들과 겨루어 이겼음이니라"
(창 32:28)

에서가 온다

라반과 이별한 후 고향으로 돌아가는 야곱의 마음은 기쁨과 동시에 두려움으로 가득했습니다. 20년 전 자신을 죽이려 했던 형 에서를 다시 만나야 했기 때문입니다. 과연 그 오랜 시간 동안 에서의 분노는 사그라들었을까요? 아니면 상처가 더 깊어져 복수의 칼날을 갈고 있었을까요? 시간은 상처를 아물게도 하지만 더 악화시키기도 합니다. 야곱은 20년이라는 시간 속에서 어떻게 변했을지 모를 에서의 모습에 불안해합니다.

걱정으로 발걸음을 옮기던 야곱의 눈앞에 놀라운 광경이 펼쳐집니다. 하나님의 사자들, 즉 두 무리의 천사들이 그의 앞을 지나간 것입니다. 야곱은 이 모습을 보고 '하나님의 군대'라고 하며, 그 땅의 이름을 마하나임이라 부릅니다. 이는 '두 부대'라는 뜻으로, 두 무리의 천군 천사를 보았다는 의미를 담고 있습니다.

야곱이 에서를 피해 도망갈 때는 "온 세상 모든 곳이 하나님의 집"이라는 의미로 그곳을 벧엘이라 불렀습니다. 그리고 이제 돌아오는 길에는 "온 세상 모든 곳에 하나님의 군대가 있어 모든 것을 보고 다스리신다"는 의미로 그 땅을 마하나임이라고 이름 지었습니다. 하나님께서 야곱에게 주시는 위로와 격려의 메시지였습니다.

하나님의 군대를 보고 용기를 얻은 야곱은 형 에서에게 자신이 돌아왔다는 소식을 전하기 위해 예의를 갖추어 종들을 먼저 보냅니다. "그들에게 명령하여 이르되 너희는 내 주 에서에게 이같이 말하라 주의 종 야곱이 이같이 말하기를 내가 라반과 함께 거류하며 지금까지 머물러 있었사오며 내게 소와 나귀와 양 떼와 노비가 있으므로 사람을 보내어 내 주께 알리고 내 주께 은혜 받기를 원하나이다 하라 하였더니"(창 32:4-5).

야곱은 에서에게 자신을 낮추며 이렇게 말하는 것입니다. "형님, 제가 외삼촌 라반의 집에서 20년간 머물며 처자식을 얻고 가축들을 얻고 일가를 이루게 되었습니다. 이제야 돌아오게 되어 먼저 형님께 말씀드리고 은혜를 구합니다. 부디 너그럽게 받아주십시오." 야곱은 자신을 한껏 낮추어 에서를 '주'라 부르고 자신을 '주의 종'이라며 겸손하게 표현하고 있습니다. 이는 20년 전 형을 속였던 두려움과 양심의 가책에서 비롯된 행동이었습니다.

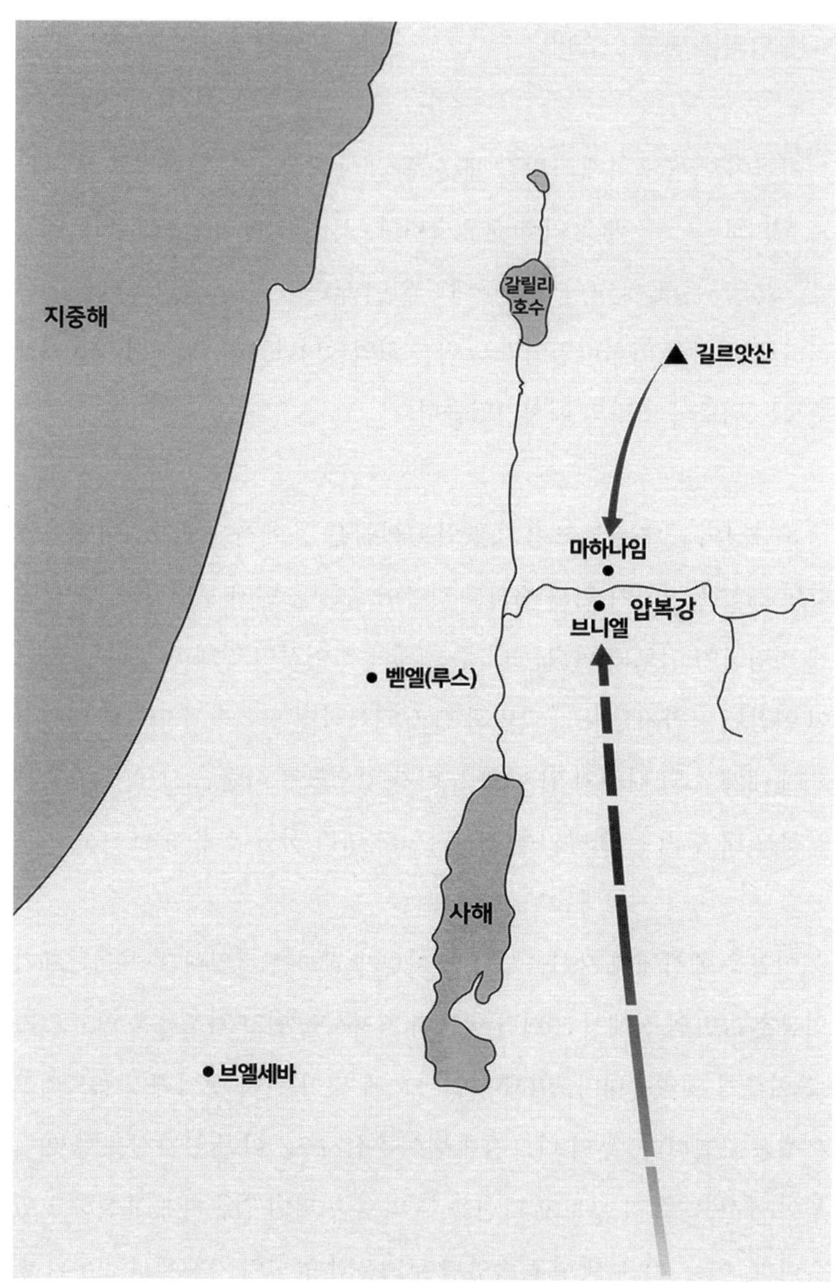

〈지도 7. 에서와 만나다〉

그런데 에서에게 보냈던 종들이 돌아와 충격적인 소식을 전합니다. "사자들이 야곱에게 돌아와 이르되 우리가 주인의 형 에서에게 이른즉 그가 사백 명을 거느리고 주인을 만나려고 오더이다"(창 32:6). 야곱은 지금 마하나임에 있고, 에서는 그 아래쪽인 세일에 살고 있었습니다. 그런데 에서가 400명의 무리를 이끌고 야곱이 있는 곳으로 올라오고 있다는 것입니다.

아브라함이 그돌라오멜 동맹군과 싸울 때 이끌었던 군사는 318명이었습니다. 당시 400명은 대규모 군사에 해당했습니다. 에서가 400명의 무리를 이끌고 오고 있다는 소식에 야곱은 큰 두려움에 휩싸였습니다. 이것이 환영 인파가 아닐 것이라고 생각했기 때문입니다. 야곱의 인사에 아무런 답도 하지 않고 에서가 계속해서 진격해오고 있다는 보고는 야곱을 더욱 불안하게 만들었습니다.

야곱이 "심히 두렵고 답답"(창 32:7)했다고 표현하고 있습니다. 이 구절은 야곱의 심정을 그대로 보여줍니다. '답답하다'는 말은 '눌린다'는 의미입니다. 야곱은 극심한 공포에 짓눌려 있었습니다. 이 감정은 곧 패배를 직감했을 때 느끼는 감정입니다. 야곱은 이제 모든 것이 끝장났다고 생각하고 극심한 공포에 사로잡혔습니다.

야곱, 대책을 세우다

야곱은 즉시 대책을 세웁니다. 그는 자신의 모든 일행, 즉 가족, 종들, 가축 떼를 두 무리로 나눕니다. 마치 '마하나임'에서 본 하나님의 군대처럼 말입니다. 이렇게 두 무리로 나눈 이유는 단순했습니다. 에서가 첫 번째 무리를 공격하면, 뒤에 있는 무리는 도망쳐 목숨을 건지기 위함이었습니다. 역시 야곱답게, 그는 재빠르게 살길을 모색했습니다.

그날 밤, 야곱은 평생 가장 길고 간절한 기도를 올리기 시작합니다. 창세기 32장 9절부터 12절까지 기록된 그의 기도는 다음과 같습니다.

"내 조부 아브라함의 하나님, 내 아버지 이삭의 하나님 여호와여 주께서 전에 내게 명하시기를 네 고향, 네 족속에게로 돌아가라 내가 네게 은혜를 베풀리라 하셨나이다"(창 32:9). 야곱은 "하나님께서 돌아가라고 하셔서 돌아왔습니다. 돌아가면 은혜를 베풀어 주겠다고, 번성하게 해주겠다고 약속하지 않으셨습니까?"라고 간절하게 기도합니다.

야곱은 이어서 이렇게 기도합니다. "나는 주께서 주의 종에게 베푸신 모든 은총과 모든 진실하심을 조금도 감당할 수 없사오나 내가 내 지팡이만 가지고 이 요단을 건넜더니 지금은 두 떼나 이루었나이다"(창 32:10). 야곱은 지금 가진 모든 것이 하나님의 은혜임을 고백합니다. "주님이 보여주신 모든 친절과 신실함을 받을 자격이 없습니다. 모든 것이 다 하나님의 은혜입니다. 그런데 만약 제가 여기서 목숨을 잃는다면 이 모든 것이 무슨 소용이 있겠습니까? 부디 은혜를 거두지 마시고, 계속해서 은혜를 베풀어 주십시오." 야곱은 자신의 생명이 하나님의 은혜로 지켜지기를 간절히 구하고 있습니다.

"내가 주께 간구하오니 내 형의 손에서, 에서의 손에서 나를 건져내시옵소서 내가 그를 두려워함은 그가 와서 나와 내 처자들을 칠까 겁이 나기 때문이니이다"(창 32:11). 우리말 번역에 '건져내시옵소서'는 문장의 뒷부분에 있지만, 원문에는 제일 앞에 나옵니다. "건져주십시오. 제발 에서의 손에서 건져주십시오."라고 간절하게 외치고 있습니다. 야곱은 단순히 자신뿐만 아니라 가족 전체의 목숨을 걱정합니다. 에서가 자신과 아내들, 자식들까지 모두 해칠까 두려워하고 있습니다. 형제가 형제를 죽였던 가인의 역사를 떠올리며, 에서가 자신을 죽이지 못하도록 하나님께 간절히 보호를 구하고 있는 것입니다.

야곱은 자신의 기도를 이렇게 마무리합니다. "주께서 말씀하시기를 내가 반드시 네게 은혜를 베풀어 네 씨로 바다의 셀 수 없는 모래와 같이 많게 하리라 하셨나이다"(창 32:12). 그는 하나님의 약속을 상기시키며 간절히 매달립니다. "하나님, 네 자손이 바닷가의 모래같이 셀 수 없이 번성하게 될 때까지 은혜를 그치지 않겠다고 하신 약속을 잊지 말아 주십시오. 제게 주신 은혜를 거두지 마시고, 약속하신 대로 저와 제 자손을 지켜주십시오."

야곱은 밤새도록 간절하게 기도했습니다. 그가 기도하며 밤을 지새운 것인지, 아니면 기도 후에 두려움과 불안으로 잠 못 이루며 밤을 보낸 것인지는 알 수 없지만, 분명한 것은 그날 밤 그는 뜬 눈으로 밤을 지샜다는 사실입니다.

고통스러웠던 밤이 지나고 다음 날 아침, 야곱은 에서에게 바칠 예물을 준비합니다. 염소, 양, 낙타, 소, 나귀 등 다섯 종류의 가축 550마리라는 엄청난 규모였습니다. 이 정도의 선물은 형제간의 선물이라기보다는, 나라 간의 조공에 가까웠습니다. 야곱은 이 선물을 통해 에서에게 "나는 당신에게 완전히 항복합니다"라는 메시지를 전하려고 했습니다.

야곱이 준비한 550마리의 예물 중 490마리가 암컷이었다는 점은 주목할만 합니다. 당시 새끼를 낳을 수 있는 암컷은 훨씬 더 값비싼 재산이었기 때문입니다. 이것은 야곱의 간절한 마음을 보여주는 동시에, 자신이 에서에게 지은 죄가 그만큼 크다고 느끼고 있음을 나타냅니다. 그는 이 정도 큰 선물을 바쳐야만 형의 마음을 조금이라도 풀 수 있을 것이라고 생각했습니다.

야곱은 550마리의 가축을 종류별로 다섯 무리로 나누고, 각각 종들에게 맡겼습니다. 그리고 가장 앞선 무리를 이끄는 종에게 "이것은 당신의 종 야곱이 주인이신 에서에게 바치는 예물입니다. 야곱도 저희 뒤를 따르고 있습니다"라고 말하게 했습니다. 두 번째, 세 번째 무리도 마찬가지였습니다. 에서가 연이어 다섯 번에 걸쳐 귀한 선물을 받고 같은 인사를 들은 후에야 비로소 야곱을 만나게 됩니다. 야곱은 값비싼 예물로 형의 마음을 충분히 누그러뜨린 다음, 평화롭게 만날 수 있기를 바랐던 것입니다.

야곱은 다섯 무리의 예물을 먼저 보낸 뒤 일행과 함께 자리에 누웠지만, 과연 이 선물이 평화를 가져올지 확신할 수 없어 잠 못 이루는 밤을 보냅니다. 그러다 한밤중에 갑자기 일어나 가족과 함께 얍복강을 건넙니다. 이 강은 야곱에게 마지막 방어선이었습니다. 만약 에서가 용서하지 않는다면, 이 강을 방패 삼아 시간을 벌고 도망쳐야 할 최후의 보루였습니다. 하지만 야곱은 모든 계책을 내려놓고, 죽으면 죽으리라는 각오로 강을 건넌 것입니다.

야곱, 겨루다

가족들이 먼저 강을 건너고, 야곱만 홀로 남았습니다. 그때 갑자기 한 사람이 나타나 야곱과 씨름하기 시작했습니다. 야곱이 마지막으로 강을 건너려는 순간, 정체 모를 누군가가 그를 공격한 것입니다. 야곱은 목숨을 걸고 필사적으로 싸웠습니다.

이 장면에는 히브리어 언어유희가 숨겨져 있습니다. 야곱은 히브리어로 야코브(יַעֲקֹב)이고, 얍복강은 얍보크(יַבֹּק), 씨름하다는 아베크(אָבֵק)입니다. 즉, "야곱(야코브)"이 "얍복강(얍보크)"에서 "씨름(아베크)"하고 있는 것입니다. 어떤 신학자는 이 상황을 "야곱이 야곱강에서 야곱하고 있다"라고 재미나게 표현했습니다. 지금 여기서 야곱은 자신의 본성을 있는 그대로 표출하고 있습니다. 운명과 싸우고 에서와 싸우고 라반과 싸우면서 어떻게든 목표를 이루고야 마는 그 끈질긴 성격, 즉 형의 발뒤꿈치를 잡고 태어나고, 팥죽으로 장자권을 빼앗고, 아버지 앞에서 형인 것처럼 속

여 축복을 가로채고, 얼룩무늬 양을 얻기 위해 속임수를 썼던 그 '야곱스
러움'이 바로 이 씨름에서 폭발하고 있는 것입니다.

야곱은 정말 불굴의 사나이였습니다. 마지막 방어선 얍복강을 건너면
에서를 피할 길이 없는데, 그 마지노선에서 그는 정체불명의 상대와 죽
을 힘을 다해 씨름했습니다. 상대는 야곱을 꺾을 수 없다는 것을 깨닫고
그의 허벅지 관절을 쳤고, 야곱의 고관절 대퇴골이 탈골되었습니다. 그
제서야 야곱은 상대방이 평범한 사람이 아님을 직감했습니다. 밤새도록
대등하게 싸웠고 때로는 자신이 이기는 듯한 느낌도 받았지만, 상대가
툭 친 한번의 공격으로 자신의 환도뼈가 위골되는 것을 보고 무언가 이
상함을 느꼈습니다.

야곱은 그제야 깨달았습니다. 상대가 마음만 먹었다면 처음부터 자신
을 제압할 수 있었는데, 왜 밤새도록 씨름했는지. 상대방은 그저 '살짝 친
것'뿐이었습니다. 여기서 사용된 '치다(와익가 וַיִּגַּע)'라는 단어는 '건드리다'
라는 의미로 욥기에도 나옵니다. 사탄이 욥을 시험할 때 하나님께 "욥이
아무 이유 없이 하나님을 경외합니까? 하나님께서 복을 주시니 당연히
그러는 것입니다. 욥을 살짝 한번 쳐보십시오. 그러면 그 태도가 달라질
것입니다"라고 말합니다. 하나님이 욥을 건드렸을 때, 욥이 얼마나 극심
한 고통을 겪었는지 우리는 이미 알고 있습니다.

상대방이 살짝 건드린 것만으로 뼈가 탈골되자, 야곱은 그제야 깨달

았습니다. 상대가 처음부터 자신의 모든 힘을 썼다면 밤새도록 씨름할 필요도 없었을 것입니다. "단숨에 제압해 버리고 씨름을 끝낼 수 있었을 텐데, 왜 나랑 밤새도록 싸운 거지?" 야곱은 자신보다 월등히 강한 이 사람이 일부러 대등한 싸움을 허락했다는 사실을 깨닫고, 그에게서 평범하지 않은 존재의 기운을 느꼈습니다.

호세아서는 이 사람의 정체에 대해서 이렇게 말해 줍니다. "야곱은 모태에서 그의 형의 발뒤꿈치를 잡았고, 또 힘으로는 하나님과 겨루되 천사와 겨루어 이기고 울며 그에게 간구하였으며"(호 12:3-4). 야곱은 운명에 굴복하지 않고, 오히려 운명과 씨름하는 사람이었습니다. 형의 발꿈치를 잡는 사람이며, 하나님의 천사와도 겨루는 사람이었습니다.

호세아서는 이 씨름의 상대가 하나님이 보낸 천사였다고 밝힙니다. 이 이야기는 참으로 의미심장합니다. 하나님은 야곱을 단숨에 제압할 수 있었지만, 밤새도록 대등한 씨름을 하여 접전을 허용하시다가 마지막에 살짝 건드려 그를 굴복시키셨습니다. 어쩌면 이 밤새도록 한 씨름은 야곱의 인생 그 자체를 보여주는 듯합니다. 하나님께서는 언제든지 야곱을 꺾을 수 있었지만, 대신 그에게 씨름을 허락하시며 그의 인생을 다시 한 번 돌아보게 하셨던 것입니다.

이것이 바로 우리 인생의 모습 아닐까요? 우리는 남의 발목을 잡고, 속임수를 써서라도 원하는 것을 얻으려 합니다. 어떻게든 자신에게 유리한 방향으로 상황을 이끌어가려고 온 힘을 다합니다. 하나님은 처음부터 우리를 굴복시킬 수 있지만, 야곱에게 하신 것처럼 우리에게도 '접전'을 허락하십니다. 때로는 우리가 하나님의 뜻을 꺾고 이겼다고 착각하기도 합니다. 내 마음대로 모든 일이 흘러가는 것 같지만, 그때 하나님은 우리를 '살짝 건드리십니다.' 그 순간 우리는 절게 되고, 하나님은 얼마든지 처음부터 이렇게 하실 수 있었는데 왜 그러지 않으셨는지 의아해합니다.

하나님께서는 우리를 단번에 굴복시킬 수 있지만, 야곱에게처럼 우리를 기다려주시다가 결국 '살짝 건드려' 당신 앞에 무릎 꿇게 하십니다. 이제 야곱은 더 이상 스스로 설 수도, 도망칠 수도 없습니다. 20년 전 형을 피해 도망칠 때는 사흘 길을 하루 만에 내달렸고, 라반에게서 도망칠 때도 온 가족을 데리고도 보름 길을 열흘 만에 주파했습니다. 그러나 이제 야곱은 절름발이가 되어 평생 지팡이에 의지해야만 하는 신세가 되었습니다. 더 이상 자신의 힘과 꾀로 도망치는 것이 불가능해진 것입니다.

여러분은 삶에서 '환도뼈를 맞은' 경험이 있으십니까? 하나님은 살짝 건드리실 뿐이지만, 우리에게는 치명타가 되어 깊은 고통을 남깁니다. 야곱이 그랬듯, 다윗도 마찬가지였습니다. 다윗은 밧세바를 범한 후 회개하며 시편 51편에 이렇게 고백합니다. "주께서 꺾으신 뼈들도 즐거워하게 하소서"(시 51:8). 다윗이 인생의 정점에서 밧세바를 범했을 때, 그 누구도 그를 막을 수 없었습니다. 그때 하나님은 다윗의 환도뼈를 치셨습니다. 이 사건 이후 다윗의 삶은 완전히 달라집니다. 칼이 그의 집안에서 떠나지 않았고, 자녀와 나라에 끊임없이 문제가 생겼습니다. 그는 남은 평생 하고 싶은 대로 살지 못했고, 불안과 두려움 속에서 살아야 했습니다. 다윗도 결국 '절게 된' 것입니다.

야곱은 이제 절름발이가 되어 평생을 지팡이에 의지하며 살게 되었습니다. 그러나 성경은 야곱의 마지막을 이렇게 기록합니다. "믿음으로 야곱은 죽을 때 요셉의 각 아들에게 축복하고 그 지팡이 머리에 의지하여 경배하였으며"(히 11:21). 야곱은 죽는 순간까지 자신의 절뚝거리는 다리와 평생 함께한 지팡이를 붙잡고 하나님께 감사하며 경배했습니다. 그에게 있어 지팡이는 더 이상 절망의 상징이 아니었습니다. 오히려 절었기 때문에 비로소 똑바로 설 수 있었고, 하나님만을 온전히 의지할 수 있었음을 깨달았기 때문입니다. 야곱은 환도뼈를 치셔서 자신을 온전하게 만드신 하나님께 감사하면서 마지막 감사와 경배를 드린 것입니다.

야곱, 항복하다

야곱이 하나님의 사자를 붙잡습니다. 사실 야곱은 태어날 때부터 무언가를 붙잡는 데 선수였습니다. 그는 하나님의 사자를 꽉 붙들고 놓아주지 않습니다. 하나님의 사자가 마음만 먹으면 얼마든지 야곱을 또 치고 갈 수도 있었지만, 하나님은 야곱에게 붙잡혀 주신 것입니다. 야곱은 그를 붙잡고 울면서 간절히 간구했습니다. "저에게 복을 주시지 않으면 놓지 않겠습니다." 야곱에게 가장 절실했던 기도가 이제야 터져 나온 것입니다.

지금까지 야곱은 복을 얻기 위해서 험악한 세월을 보냈습니다. 형의 발목을 붙잡고, 아버지를 속이고, 외삼촌과 다투며 도망치는 동안 수많은 고생과 위기를 겪었습니다. 그런데 이제는 모든 것을 잃을 위기에 처했습니다. 사람을 보내고 선물을 보내도, 에서는 아랑곳하지 않고 계속 진군해오고 있습니다. 내일이면 드디어 에서를 마주해야 합니다. "하나님, 제발 저를 도와주십시오. 지금 저에게 복을 주시고 지켜 주실 수 있는 분은 오직 하나님뿐입니다."

사실 야곱이 누린 모든 복은 그가 쟁취한 것이 아니라 하나님이 주신 것입니다. 또한 지금까지의 그의 삶도 스스로 지켜낸 것이 아니라 하나님이 지켜 주신 것입니다. 야곱은 이 모든 사실을 깨닫고, 눈앞의 존재가 하나님의 사자임을 알아차린 순간 그를 꼭 붙들고 울며 매달렸습니다.

사실 야곱에게는 처음부터 이 기도가 필요했던 것입니다. 복은 에서를 속임으로 얻는 것이 아닙니다. 아버지를 속임으로 얻는 것이 아닙니다. 라반과 싸움으로 얻는 것이 아닙니다. 복은 하나님이 주시는 것입니다! 그는 이제야 하나님 앞에 인정합니다. 야곱은 하나님 앞에 엎드려 울며 고백합니다. "복은 하나님만이 주실 수 있습니다. 오직 하나님만이 저를 지켜 주실 수 있습니다. 하나님, 도와주십시오." 하나님은 이 간절한 눈물의 기도를 외면하실 수 없었고, 결국 야곱에게 져 주십니다.

하나님께서 "네 이름이 무엇이냐?"라고 물으셨습니다. 야곱은 "야곱입니다. 속이는 자, 빼앗는 자입니다”라고 대답합니다. 이전에 에서가 야 곱에 대해 이렇게 말했었습니다. “그의 이름을 야곱이라 함이 합당하지 아니하니이까? 그가 나를 속임이 이번이 두 번째니이다. 전에는 나의 장 자의 명분을 빼앗고, 이제는 내 복을 빼앗았나이다.” 이제 야곱은 하나님 앞에서 스스로를 속이는 자이자 빼앗는 자라고 인정하며 고백하고 있는 것입니다.

하지만 하나님은 야곱의 이름을 바꿔주십니다. “이제 네 이름은 더 이 상 야곱이 아니라 이스라엘이다. 네가 하나님, 그리고 사람들과 싸워 이 겼기 때문이다.” ‘이스라엘(יִשְׂרָאֵל)’이라는 이름에서 ‘스라’는 ‘싸운다’, ‘엘’은 ‘하나님’을 뜻합니다. 앞에 붙는 ‘이’는 미래형 접두어입니다. 따라서 ‘이스 라엘’은 ‘하나님이 싸우신다’, 또는 ‘하나님이 싸우실 것이다’라는 의미를 담고 있습니다.

지금까지 야곱은 치열한 싸움을 해 왔습니다. 운명과 싸웠고, 에서와 싸웠고, 라반과 싸웠고 이겼습니다. 마침내 하나님의 사자와 씨름하여 이기기까지 했습니다. 하나님께서 야곱의 이름을 바꿔주신 것은 이제부 터는 하나님께서 친히 싸워주시겠다는 의미입니다. “하나님을 붙들고 화 평을 누려라. 사람과도 화평을 누려라. 하나님이 너를 위해 싸워주신다 는 것을 믿고, 그 하나님을 굳게 붙들고 너는 화평을 누리거라. 이제 복 을 빼앗는 자가 되지 말고, 복을 나누는 자가 되어라.” 바로 이런 의미로 하나님께서 야곱의 이름을 바꿔주신 것입니다.

　인생은 운명과의 싸움이 아닙니다. 경쟁자와의 씨름이 아닙니다. 인생은 오직 하나님과의 씨름입니다. 이 진리를 이스라엘 후손들은 뼈저리게 깨닫게 됩니다. 하나님과의 씨름에서 이기면 모든 일에서 승리하지만, 하나님과의 씨름에서 지면 모든 일에서 패배한다는 것을 말입니다. 이것이 바로 이스라엘이 역사를 반복하면서 깨달은 교훈입니다. 결국, 인생은 하나님과의 싸움입니다.

　하나님이 야곱에게 "네가 이겼다"라고 하시며 져 주셨습니다. 그러나 사실 누가 이긴 것입니까? 바로 하나님입니다. 야곱은 다리를 크게 다쳐 절게 되었으니 사실 완전히 패배한 것이나 다름없었습니다. 그런데도 하나님은 "네가 이겼으므로 복을 주겠다"고 하셨습니다. 그렇다면 야곱은 어떻게 복을 받고 하나님을 이기게 된 것일까요? 그 비결은 바로 울면서 매달렸기 때문입니다. 자신에게 축복해달라는 그 간절한 매달림, 즉 눈물의 기도를 하나님은 결코 뿌리치지 못하셨다는 겁니다. 야곱은 바로 그 간절함으로 승리를 얻고 복을 받게 된 것입니다.

　하나님은 야곱에게 이렇게 말씀하시는 것과 같습니다. "너는 더 이상 야곱이 아니다. 이제 너는 이스라엘이다. 이제 너는 너의 힘과 지혜로 복을 쟁취하고 지키려 했던 야곱이 아니라, 오직 울며 매달려 은혜와 복을 구하는 이스라엘이다." 힘으로 하나님을 이기려 했던 야곱이 아니라, 엎드려 간절히 간구함으로 하나님을 이긴 이스라엘이라는 의미입니다. 이제 사람이나 운명, 그 어떤 것과도 싸우지 말고 오직 하나님과 씨름하는 사람이 되라는 뜻이기도 합니다.

여러분은 어떠십니까? 혹시 아직도 '야곱'의 삶에서 벗어나지 못하고 있지는 않습니까? 여전히 사람을 속이고 싸워서 복을 쟁취해야 한다고 생각하지 않습니까? 힘으로라도 하나님을 꺾고 내 뜻을 관철시키려 고집부리지는 않습니까? 기억하십시오. 복은 오직 하나님이 주시는 것입니다. 간절히 하나님께 매달리는 자에게 하나님께서 복을 내려주십니다.

야곱은 그곳 이름을 '브니엘(פְּנִיאֵל)'이라고 불렀는데, 이는 '하나님의 얼굴'이라는 뜻입니다. "내가 하나님을 얼굴과 얼굴을 맞대고 보았으나 내 생명이 보존되었다"는 의미입니다. 야곱은 하나님의 얼굴을 보고도 살았으니 에서의 얼굴도 볼 수 있을 것입니다. 야곱은 가장 위험한 만남인 하나님과의 만남에서 살아남았으니, 이제 에서를 만나는 것도 두려워할 필요가 없다고 생각했습니다. 그 누구를 만나더라도 두렵지 않을 만큼 담대한 마음을 얻게 된 것입니다.

이 이야기는 야곱이 브니엘을 지날 때 "해가 돋았고 그의 허벅다리로 말미암아 절었더라"(창 32:31)라는 구절로 끝이 납니다. 이 구절은 참 대조적입니다. 새로운 태양이 떠오르며 새로운 시대가 시작되었지만, 그 새로운 시대의 주인공은 다리를 저는 사람입니다. 이제 더는 자신을 의지하지 않고 오직 하나님께만 의지할 수밖에 없는 새 사람, 야곱이 아니라 이스라엘의 새로운 아침이 밝았다는 것입니다. 야곱의 밤은 지나가고, 이스라엘의 아침이 열린 것입니다. "나는 부족하고 내 힘으로는 아무것도 할 수 없으니 오직 하나님께 매달리겠습니다. 하나님, 저를 축복해 주십시오." 이렇게 오직 하나님께 붙들리고, 하나님만 붙잡고, 사람과 씨름하지 않고 하나님과 씨름하는 새로운 인생의 아침이 열리게 된 것입니다.

정리하겠습니다. 야곱은 순수한 단색이 아닌 점 있는 것, 아롱지은 것, 얼룩무늬가 있는 가축을 소유로 삼았습니다. 이는 어쩌면 그의 복잡한 내면을 보여주는 자화상과도 같습니다. 하나님을 믿으면서도 전적으로 신뢰하지 않고, 하나님을 의지하면서도 완전히 의지하지 못했고, 하나님 발 앞에 엎드리면서 여전히 사람의 발목도 붙잡으며, 하나님과 씨름하지만 여전히 사람과도 싸우는, 신앙과 세상적인 정욕이 뒤섞인 모습이 야곱의 진짜 모습이었을 것입니다.

그러나 오늘 야곱은 마침내 '야곱'이라는 이름을 벗고 '이스라엘'이 되었습니다. 만약 하나님께서 여러분에게 "네 이름이 무엇이냐?"라고 물으신다면, 무엇이라고 대답하시겠습니까?

"네. 저는 아직 야곱입니다. 여전히 운명과 싸우고, 사람과 다투며 어떻게든 복을 쟁취하려고 몸부림 치고 있습니다.

"네. 저는 이스라엘입니다. 저는 이제 다리를 저는 사람입니다. 오직 하나님만을 의지하고 붙드는 이스라엘입니다.

여러분의 대답은 무엇입니까? 여러분은 야곱입니까, 이스라엘입니까? 야곱에서 이스라엘로 대전환하는 귀한 은혜가 여러분과 함께하기를 바랍니다.

"하나님이 내게 은혜를 베푸셨고 내 소유도 족하오니 청하건대 내가 형님께 드리는 예물을 받으소서 하고 그에게 강권하매 받으니라"(창 33:11)

일곱 번 엎드리다

고향으로 돌아온 야곱은 이제 평생의 숙제였던 형 에서를 마주해야 합니다. 그들은 어머니 뱃속에서부터 경쟁했고, 야곱은 태어날 때 형의 발 뒤꿈치를 잡았습니다. 결국 형의 장자 명분을 빼앗고 축복까지 가로챘습니다. 겉으로 보면 야곱이 이긴 것처럼 보였습니다. 하지만 그 사건 때문에 집을 떠나 도망쳐야 했고, 라반의 집에서 20년간 고된 훈련과 연단을 받아야 했습니다. 이제 다시 고향으로 돌아왔지만, 에서가 400명의 무리를 이끌고 온다는 소식을 듣고 피할 길이 없었습니다. 20년이라는 긴 시간조차도 이 숙제를 해결해 주지 못했습니다. 심지어 벧엘의 하나님, 브니엘의 하나님도 에서를 피해 가도록 돕지 않으십니다. 야곱은 이 문제를 반드시 해결해야만 하는 상황에 놓인 것입니다.

야곱이 멀리서 보니 정말 에서가 400명의 무리를 이끌고 오고 있었습니다. 야곱은 가족을 세 무리로 나눴습니다. 여종들과 그 자식들을 가장 앞에 세우고, 그다음에는 레아와 그녀의 자식들을, 마지막으로 라헬과 요셉을 두었습니다. 그리고 최악의 상황에 대비해 야곱 자신이 맨 앞으로 나아갔습니다. 이 모습은 이전과는 사뭇 달랐습니다. 과거에는 자신의 무리를 나눈 뒤 맨 뒤에 숨었지만, 브니엘 이후로는 야곱이 가장 앞에 서고 있습니다. 야곱의 자리가 맨 뒤에서 맨 앞으로 바뀐 것입니다.

그뿐만 아니라, 형을 대하는 방식도 완전히 달라졌습니다. 이전에는 사절단과 선물을 보냈지만, 이제는 자신이 직접 나서서 땅에 일곱 번 엎드려 절합니다. 야곱은 환도뼈가 위골되어 다리를 저는 상태였음에도 불구하고, 맨 앞으로 나아가 일곱 번이나 절했습니다. 성경에서 숫자 7은 '완전'을 의미합니다. 이는 충분한 사죄와 완전한 항복을 뜻하는 절이었습니다. 일곱 번 절하는 행위는 사실 정복당한 나라의 왕이 정복자에게 바치는 예법입니다. 지금 야곱은 에서를 향해 "내가 완전히 항복합니다"라는 의미로 그 앞에 엎드려 절하고 있는 것입니다.

우리나라 역사에도 이와 비슷한 아픈 장면이 있습니다. 바로 '삼전도의 굴욕'입니다. '세 번 절하고 아홉 번 머리를 조아린다'는 뜻의 '삼배구고두례(三拜九叩頭禮)'는 곧 완전한 항복을 의미했습니다. 고대 근동 문화에서도 땅에 엎드려 절하는 것은 매우 큰 의미를 지녔습니다. 요셉의 형들이 요셉의 꿈 이야기를 듣고 경악했던 이유도 바로 여기에 있습니다.

"우리가 너한테 땅에 엎드려 절한다고? 우리 부모님까지 너한테 절한다고?"라며 분노했던 것은 그 일이 결코 있을 수 없는, 절대적 굴복의 표현이었기 때문입니다. 그런데 지금 야곱이 바로 그 행동을 하고 있는 것입니다.

야곱이 에서에게 일곱 번 땅에 엎드려 절한 행동에는 또 다른 의미가 있습니다. 이는 잘못된 것을 원래대로 되돌리는 행위이기도 했습니다. 이전에 이삭은 에서에게 축복하며, "만민이 너에게 엎드려 절하기를 원하노라. 네 어미의 아들들이 너에게 엎드려 절하기를 원하노라"고 말하려 했습니다. 그러나 야곱은 에서인 척 그 축복을 가로챘었습니다. 이제 야곱은 자신이 '네 어미의 아들'로서 형 에서에게 엎드려 절합니다. 이는 아버지가 원래 형에게 주고 싶었던 축복, 자신이 가로챘던 그 축복을 제자리로 돌려놓는 행동인 것입니다.

이것이야말로 진정한 사죄입니다. 과거에 선물과 사절단을 보낸 것이 야곱의 계산적인 사과였다면, 이제 진심으로 엎드려 용서를 구하는 것은 이스라엘의 진정한 참회인 것입니다. 더 이상 잔꾀는 없습니다. 오직 진심을 담은 참회만이 있을 뿐입니다. 일곱 번이나 절하며 형 앞에 나아가 그의 처분만을 기다리는 모습, 이것이 바로 야곱이 이스라엘로 변화했음을 보여주는 결정적인 순간입니다.

그렇다면 에서는 어떻게 했을까요? 에서가 쏜살같이 달려 나옵니다.

절뚝거리며 절하고 있는 야곱과 맹렬히 달려오는 에서, 이 두 모습은 참으로 대조적입니다. 야곱은 숙련된 사냥꾼인 에서의 칼이 날아올 것을 각오하고 있었습니다. 하지만 칼 대신 에서의 팔이 날아왔습니다. 에서는 달려와 야곱을 와락 끌어안았습니다.

성경은 이 장면을 이렇게 묘사하고 있습니다. "에서가 달려와서 그를 맞이하여 안고 목을 어긋 맞추어 그와 입 맞추고 서로 우니라"(창 33:4). 이 구절에는 다섯 개의 동사가 사용되었습니다. '달려와서', '안고', '어긋 맞추고', '입 맞추고', '우니라'입니다. 에서는 달려왔고, 야곱을 맞이해 와락 끌어안았습니다. '목을 어긋 맞추다'는 서로 목을 교차하고 얼굴을 기대는 모습을 뜻합니다. 그리고 형제는 서로 입을 맞추고 함께 뜨겁게 울었습니다.

처음에는 야곱의 행동을 의심하던 에서도, 그가 일곱 번이나 절하며 진심으로 용서를 구하고 완전히 항복하는 모습을 보고 마침내 마음을 엽니다. 그렇게 원수였던 두 형제는 극적인 화해를 이룹니다. 서로 목을 끌어안고 우는 이런 감격적인 포옹은 이 집안의 내력과도 같습니다. 훗날 요셉이 22년 만에 동생 베냐민을 다시 만났을 때도 서로 목을 끌어안고 울었고, 죽은 줄로만 알았던 아들 요셉을 다시 만난 아버지 야곱 역시 그를 목 놓아 끌어안고 울었습니다.

예수님은 목을 끌어안고 서로 우는 이야기 중에 가장 감동적인 이야기를 들려주십니다. 바로 탕자의 비유입니다. "아직도 거리가 먼데 아버지가 그를 보고 측은히 여겨 달려가 목을 안고 입을 맞추니"(눅 15:20). 아버지는 돌아오는 탕자를 향해 달려가 와락 끌어안았습니다. 목을 끌어안고 입을 맞추며 함께 눈물을 흘렸습니다. 뉘우치는 아들과 용서하는 아버지 사이에 감동적인 화해가 이루어진 것입니다. 탕자의 비유에서 맏형은 분노하여 집으로 들어오지 않았지만, 야곱의 형 에서는 아버지와 같은 마음으로 야곱을 기쁘게 맞이합니다. 심지어 야곱에게 자신과 함께 살자고 제안하기까지 합니다. 과연 야곱이 더 변화한 것일까요, 아니면 에서가 더 변화한 것일까요?

훔친 복을 돌려주다

형제의 감동적인 화해가 있은 후, 에서가 야곱에게 묻습니다. "이 사람들이 다 누구냐?" 이 첫 질문은 조금 섭섭하게 들릴 수도 있습니다. 보통 형이라면 절뚝거리는 야곱의 다리를 보고 왜 다쳤는지 먼저 물어보았을 것입니다. 어쩌면 에서가 야곱의 민감한 부분을 배려하여 일부러 피해 간 것일 수도 있고, 아니면 단순히 함께 온 사람들에 대한 관심이 있었던 것일 수도 있습니다.

"하나님이 주의 종에게 은혜로 주신 자식들입니다"라고 야곱이 대답하자, 아내들과 자식들 열여섯 명이 차례로 나와 인사했습니다. 먼저 두 명의 여종과 그들의 아들 네 명이 절했고, 이어서 레아와 그녀의 아들 여섯, 그리고 딸 디나가 인사했습니다. 마지막으로 라헬과 요셉 두 사람이

나와서 절했습니다. 야곱을 받아들인 에서는 야곱의 가족까지도 온전히 받아들일 수 있었습니다. 진정한 화해는 그 사람과의 관계에서 시작됩니다. 그 사람 자체를 받아들이면, 그의 가족과 그가 주는 선물까지 모든 것을 기꺼이 받아들일 수 있습니다. 하지만 그 사람을 받아들이지 못하면, 그의 어떤 것도 받아들일 수가 없습니다.

그리고 나서 에서는 자신이 만난 가축 떼에 대해 다시 묻습니다. 야곱이 이미 종들을 통해 예물이라고 말했는데도 말입니다. 이 질문은 거절하기 위함일 수도 있고, 당시의 예의였을 수도 있습니다. 야곱이 "내가 형님께 은혜를 받으려고 보낸 예물입니다"라고 대답하자, 에서는 "내 동생아 내게 있는 것이 족하니 네 소유는 네게 두라"(창 33:9)고 말합니다. 에서가 야곱을 '내 동생'이라고 부른 것은 아마 평생 처음일 것입니다. 이 한마디는 완전한 화해를 보여줍니다. "내 동생아 내게 있는 것이 족하니 네 것은 네가 가져라"고 말하며, 모든 것을 용서하고 받아들인 것입니다.

에서도 상당한 재산을 가지고 있었던 것으로 보입니다. 400명이나 되는 종을 거느릴 정도로 부유했다는 것은, 겉보기에는 모든 복을 빼앗긴 것 같았던 에서에게도 하나님이 넉넉한 복을 주셨다는 것을 의미합니다. "나도 충분히 있으니 네 것은 네가 가져라"고 말한 에서의 이 한마디는, 마치 야곱의 장자권과 장자 축복을 이제 인정하는 것처럼 들립니다.

야곱이 다시 말합니다. "야곱이 이르되 그렇지 아니하니이다 내가 형님의 눈앞에서 은혜를 입었사오면 청하건대 내 손에서 이 예물을 받으소서 내가 형님의 얼굴을 뵈온즉 하나님의 얼굴을 본 것 같사오며 형님도 나를 기뻐하심이니이다"(창 33:10). 이 말은 마치 "형님, 저에게 은혜를 베푸신다면 부디 이 예물을 받아주십시오. 형님의 얼굴을 보니 마치 하나님의 얼굴을 뵙는 것 같습니다. 저를 기쁘게 맞아주셔서 감사합니다"라고 말하는 듯합니다.

"이 예물을 받으소서"에서 '받으소서'로 번역된 히브리어 단어 '라카흐'(חקָל)는 제사 용어입니다. 이는 하나님께서 우리의 재물을 '받으신다', 즉 '열납하신다'는 의미로 사용됩니다. 따라서 야곱은 단순히 선물을 받아달라고 요청하는 것이 아니라, "하나님이 저의 참회를 받으시고 저를 용서하시고 저를 받아주신 것처럼, 형님도 저의 참회를 받으시고 저를 용서하신다면 이 예물을 받아주십시오"라고 간절히 부탁하는 것입니다.

하나님의 얼굴을 보는 것에서 시작하여 에서의 얼굴을 보는 것으로 끝나고, 하나님과의 화해에서 시작하여 에서와의 화해로 끝이 났습니다. 하나님의 얼굴을 뵙고도 생명을 보존한 야곱은 이제 형 에서의 얼굴을 보고도 무사히 생명을 보존하게 됩니다. 그리고 야곱이 정말 중요한 이야기를 합니다. "하나님이 내게 은혜를 베푸셨고 내 소유도 족하오니 청하건대 내가 형님께 드리는 예물을 받으소서 하고 그에게 강권하매 받으니라"(창 33:11).

"하나님이 나에게 은혜를 주셔서 내 소유가 이렇게 풍족하게 되었습니다." 에서도, 야곱도 모두 넉넉한 소유를 가지고 있습니다. 두 형제는 서로에게 "형님, 받으십시오." "동생아, 네가 가져라"라고 말하며 양보하고 있습니다. 참 아름다운 광경입니다. 여기서 한 가지 주목할 점이 있습니다. 10절과 11절 모두 '예물'로 번역되었지만, 사실 두 단어의 의미는 다릅니다. 10절에서 야곱이 사용한 단어는 '나의 예물(미느하티 מִנְחָתִי)'입니다. 반면, 11절에서 사용한 단어는 '나의 복(비르카티 בִּרְכָתִי)'입니다. 이를 직역하면, "청하건대 내가 형님께 드리는 복을 받으소서"가 됩니다. 이는 마치 야곱이 20년 전 제가 훔쳤던 그 복, 빼앗았던 그 복을 이제 형님께 돌려드립니다"라고 말하는 것과 같습니다.

야곱은 지난 20년간 절실히 깨달았습니다. 복은 남에게서 빼앗거나 훔치는 게 아니라, 오직 하나님이 주시는 것임을 말입니다. 하나님만이 모든 복의 근원이며, 복을 주시는 분이자 주인이심을 알게 된 겁니다. 훔치거나 억지로 쟁취한 복은 진정한 자신의 것이 될 수 없고, 하나님이 주셔야만 비로소 참된 복이 된다는 사실을 깨달은 것입니다. 그래서 결국 자신이 훔쳤던 복을 형에게 돌려준 것입니다.

야곱은 하나님의 천사를 붙들고 "내게 축복하지 않으면 가게 하지 않겠다"고 매달렸던 것처럼, 이번에는 형 에서를 붙잡고 "이 복을 받지 않으면 놓지 않겠다"고 강권했습니다. 야곱은 모든 것을 제자리로 돌려놓으려고 했습니다. 에서에게 가축 550마리를 돌려주었고, 형제들의 주인이 되는 복까지 돌려주었습니다. 그리고 무엇보다, 진심으로 형에게 사죄했습니다.

형제의 화해는 그렇게 이루어졌습니다. 한때는 같은 하늘 아래 살 수 없었던 에서와 야곱이었는데, 이제 에서의 입에서 "우리가 함께 가자. 내가 사는 땅으로 가서 함께 살자"는 요청이 나왔습니다. 야곱은 "자식들은 연약하고 새끼 딸린 짐승들이 있으니 하루만 심하게 몰면 모두 죽고 말 것입니다. 형님이 먼저 가시면 제가 천천히 형님을 뒤따라 세일 땅으로 가겠습니다"라고 답하며 사양합니다. 여기서 우리는 야곱이 하나님의 은혜를 받았다고 해서 완전히 다른 사람이 된 것이 아님을 알 수 있습니다. 여전히 야곱다운 모습이 남아 있는 것입니다. 라반에게서 도망쳐 올 때는 보름 걸릴 길을 열흘 만에 달려왔던 사람이 이제 와서는 "하루만 심하게 몰아도 모두 죽을 것"이라 말하고 있습니다.

산적과 도적 떼가 들끓어 치안이 불안하던 시대였기 때문에, 에서는 호위를 위해 자신의 종 몇 사람을 붙여주겠다고 제안합니다. 야곱은 그마저도 거절합니다. 야곱이 여전히 형 에서를 경계하고 있었음을 보여주는 대목입니다. 야곱은 형을 뒤따라 세일 땅으로 가겠다고 말했지만, 결국 다른 길로 떠납니다.

종교개혁자 칼빈은 이렇게 주석했습니다. "어쩌면 에서의 자비심이 지속되지 않을지도 모르고 그래서 오래지 않아 어떤 새로운 갈등 원인이 그들 사이에 발생할 수 있을지도 모른다는 두려움을 야곱이 가지고 있었다."

현재는 형이 자신을 너그럽게 받아주지만, 함께 살다 보면 또 다른 갈등이 생길 수 있다고 생각했을 것입니다.

한편으로는, 야곱이 하나님의 약속을 지키기 위해 형과 다른 길을 택했다고 해석하기도 합니다. 하나님은 그에게 약속의 땅인 가나안으로 가라고 하셨지만, 에서가 사는 세일은 가나안 땅 밖이었기 때문입니다. 야곱은 어렵게 화해한 형의 제안을 거절하기 힘들었겠지만, 하나님의 말씀을 지키기 위해 결국 다른 길을 선택했습니다. 그는 자신의 최종 목표인 약속의 땅을 잊지 않았습니다. 그렇게 에서와 야곱은 각자의 길, 곧 에서는 세일 땅으로, 야곱은 가나안 땅으로 가게 되었습니다.

이스라엘의 하나님 나의 하나님

그 후에 야곱은 얍복강을 다시 건너 숙곳으로 올라갑니다. 그리고 그곳에서 잠시 머물렀다가 세겜 땅에 정착합니다. 야곱이 곧바로 세겜으로 가지 않고 강을 건너 숙곳으로 간 것은 여전히 그에게 야곱스러운 모습이 남아 있음을 보여줍니다. 혹시라도 에서가 마음을 바꿀지도 모른다는 생각에, 얍복강이라는 안전지대 뒤로 물러난 것입니다. 이는 치밀하고 빈틈없는 야곱의 성격을 보여주면서도, 아직은 하나님을 온전히 신뢰하지 못하고 있음을 드러내는 모습입니다.

정말 쉴 틈 없이 달려왔으니, 아이들과 가족, 짐승들 모두 지쳐 있었을 것입니다. 그래서 야곱은 숙곳에 임시 거처를 마련하여 잠시 숨을 돌

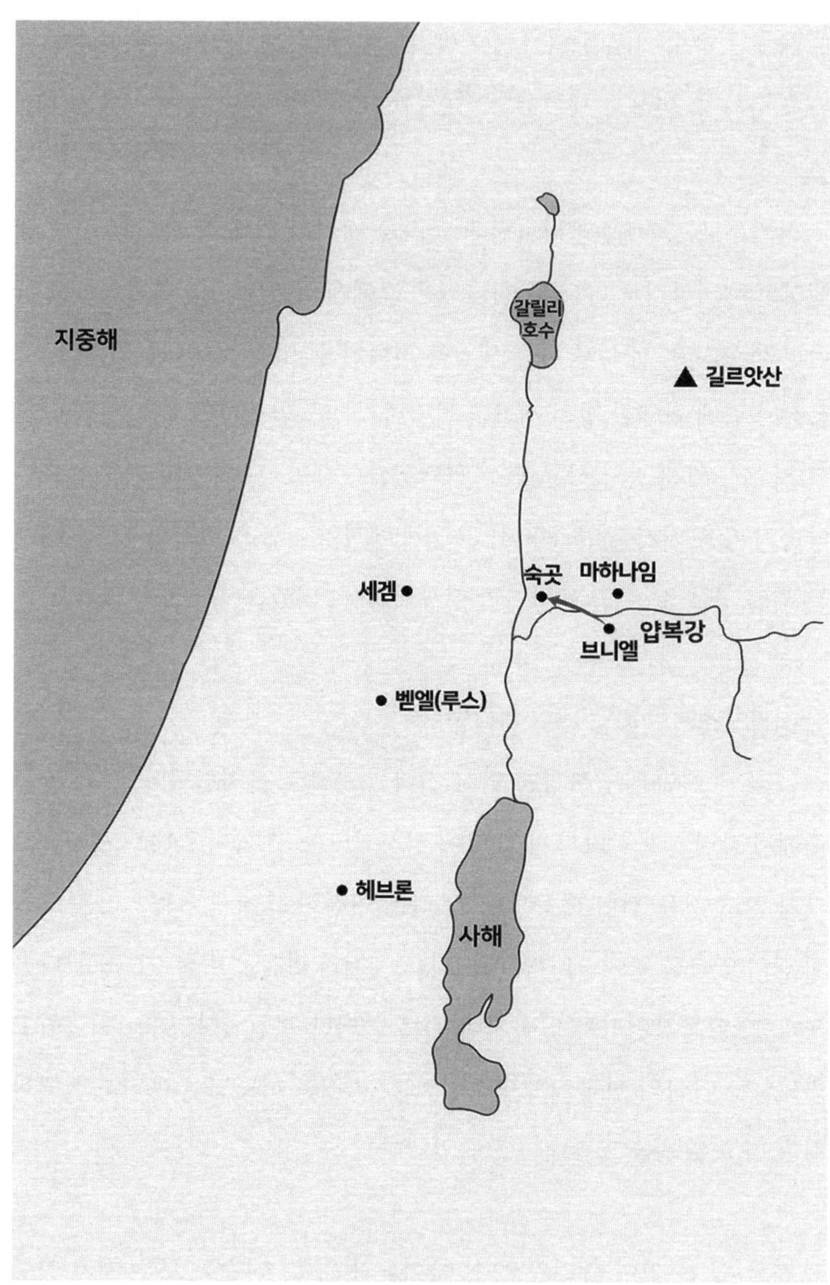

〈지도 8. 숙곳으로 가다〉

리고 긴장을 푼 후에 요단강을 건너 세겜 땅으로 향합니다. 야곱이 이곳의 이름을 '숙곳'이라고 불렀는데, 이는 '임시 거처', '임시 장막'이라는 뜻입니다. 이스라엘의 5대 절기 중 하나인 초막절이 바로 이 '숙곳'(סֻכּוֹת)에서 유래되었습니다. 초막절에는 조상들이 40년간 광야에서 지냈던 것을 기념하며 집집마다 임시 장막을 치고 일주일 동안 생활합니다. 이는 하나님께서 광야 생활 내내 그들을 완벽하게 보호해 주셨음을 기억하고 기념하는 절기입니다.

야곱이 지금까지 땅 이름을 네 번 바꿉니다. 벧엘, 마하나임, 브니엘, 그리고 숙곳입니다. 벧엘은 '모든 땅이 하나님의 집'이라는 의미이고, 마하나임은 '모든 땅에 하나님의 군대가 있다'는 뜻입니다. 브니엘은 '모든 땅에서 하나님의 얼굴을 볼 수 있다'는 뜻이고, 숙곳은 '이 땅은 임시 거처'라는 뜻입니다. 이 세상의 땅에 영원히 머물 것이 아니라, 영원한 거처를 소망하며 하나님을 바라보라는 것입니다.

창세기 33장의 이야기는 이렇게 마무리됩니다. "야곱이 밧단아람에서부터 평안히 가나안 땅 세겜 성읍에 이르러 그 성읍 앞에 장막을 치고"(창 33:18). 20년간 밧단아람에서 고생했던 야곱은 마침내 약속의 땅, 가나안으로 평안히 돌아왔습니다.

"그가 장막을 친 밭을 세겜의 아버지 하몰의 아들들의 손에서 백 크시타에 샀으며"(창 33:19). 고향으로 돌아온 야곱은 장막을 치고 그 땅을 샀

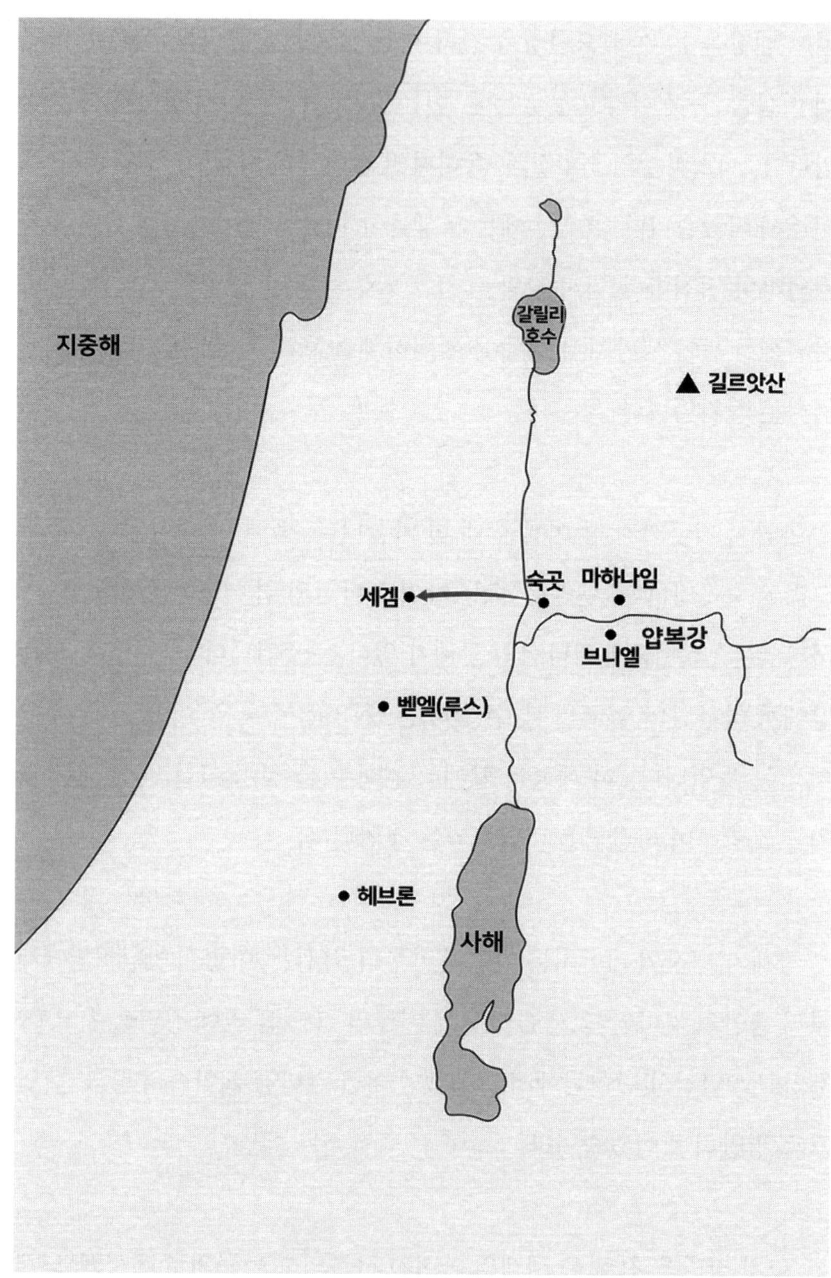

〈지도 9. 세겜에 정착하다〉

습니다. 이는 아브라함이 헤브론에 있는 막벨라 굴이 있는 밭을 산 이후, 가나안 땅을 직접 구입한 두 번째 사례입니다. '크시타'라는 화폐 단위의 가치는 정확히 알려져 있지 않아 얼마에 샀는지는 알 수 없지만, 야곱은 상당한 금액을 지불하고 가나안 땅을 매입했습니다.

"거기서 제단을 쌓고 그 이름을 엘 엘로헤 이스라엘(אֵל אֱלֹהֵי יִשְׂרָאֵל)이라 불렀더라"(창 33:20). 야곱은 아브라함처럼 제단을 쌓았습니다. 이는 야곱이 아브라함의 복뿐만 아니라 그의 믿음까지 본받고 있음을 보여줍니다. 그는 제단 이름을 '엘 엘로헤 이스라엘'이라고 불렀습니다. '엘로헤 이스라엘'은 '이스라엘의 하나님'이라는 뜻입니다. 여기서 '이스라엘'은 야곱이 새로 얻은 이름이므로, '엘 엘로헤 이스라엘'은 '하나님, 나의 하나님'이라는 고백을 담고 있습니다.

20년 전 벧엘에서 처음 하나님을 만났을 때 하나님은 세 가지를 약속해 주셨습니다. 동행, 보호, 무사 귀환이었습니다. 그때 야곱도 세 가지를 약속했습니다.

첫 번째는 "하나님이 나의 하나님이 되실 것이다"입니다. 지금까지 야곱에게 하나님은 아브라함의 하나님, 이삭의 하나님, 할아버지의 하나님, 아버지의 하나님이었지만, 이제부터는 "나의 하나님이 되실 것이다"라고 약속했습니다. 그리고 야곱은 고향에 돌아와 제단을 쌓고 '엘 엘로헤 이스라엘', 즉 '하나님 나의 하나님'이라고 불렀습니다.

두 번째는 "이 돌기둥이 제단이 될 것이다"라고 약속했는데, 지금 야곱은 가나안땅에 돌아와서 제단을 쌓고 있습니다.

세 번째는 "지금은 드릴 것이 이 돌과 기름밖에 없지만 앞으로 얻는 모든 소유는 하나님이 주신 것이라고 인정하고 그것의 10분의 1을 하나님께 드리겠다"라고 약속했었습니다. 그리고 야곱이 자기의 재물을 드려 이 땅을 샀습니다.

하나님께서 지난 20년간 세 가지 약속을 신실하게 지켜주신 것처럼, 야곱 또한 하나님께 한 세 가지 약속을 지켰습니다. 이로써 야곱은 아브라함의 복뿐만 아니라 그의 신앙까지 그대로 계승하는 모습을 보여줍니다. 아브라함이 땅을 샀던 것처럼 야곱도 땅을 샀고, 아브라함이 제단을 쌓았던 것처럼 야곱도 제단을 쌓았습니다. 그리고 아브라함이 하나님의 이름을 불렀던 것처럼 야곱도 하나님의 이름을 불렀습니다. 야곱은 이제 아브라함의 공식적인 신앙 계승자가 된 것입니다.

야곱과 에서는 도저히 화해할 수 없는 관계였지만, 결국 화해에 성공합니다. 에서는 야곱의 인생에서 평생의 숙제와도 같았습니다. 하나님께서는 그 문제를 피하게 하지 않으시고, 오히려 마주쳐서 해결하도록 야곱을 인도하셨습니다. 야곱은 마침내 그 숙제를 해냅니다. 그는 숨지 않고 앞으로 나아가 진심으로 회개하고 용서를 구했으며, 빼앗았던 모든 복을 돌려주었습니다. 모든 것을 제자리로 돌려놓는 이 행동이 화해를 이끌어낸 것입니다.

여러분의 인생 숙제는 무엇입니까? 많은 사람들이 '가족'이라고 말합니다. 사실, 아무 관계도 없는 남을 미워하는 일은 흔치 않습니다. 대부분은 가까운 사람들입니다. 하나님은 우리가 인생 숙제와 같은 그 사람을 피하기보다, 정면으로 마주하고 해결하기를 원하십니다. 하나님을 신뢰하며 모든 것을 제자리로 되돌리려 노력하라는 것입니다. 사도 바울은 우리에게 이렇게 권면해 줍니다. "그가 그리스도로 말미암아 우리를 자기와 화목하게 하시고 또 우리에게 화목하게 하는 직분을 주셨으니"(고후 5:18). 하나님과 화목했다면 이제 이웃과도 화목하라고 말씀하십니다. 브니엘에서 하나님을 만나 화목한 야곱에게 하나님은 에서와도 화목하라고 이끄셨습니다. 야곱은 결국 라반과도, 에서와도 화해합니다. 그 결과, 그들은 평화롭게 각자의 집으로 돌아갈 수 있었습니다.

사랑하는 성도 여러분! 인생의 숙제를 더 이상 미루지 마십시오. 야곱이 라반과 화해했고, 평생의 원수였던 에서와도 화해할 수 있었던 것처럼, 우리 형제들과 가족들도 화해할 수 있습니다. 하나님, 우리에게 은혜를 베풀어 주시옵소서. 우리의 인생 숙제를 피하지 않고 정면으로 마주하여 화해하고 해결해 나갈 수 있도록 주님의 은혜를 베풀어 주시옵소서.

야곱과 이스라엘 사이에서 ● 창 34:1-31

"야곱이 시므온과 레위에게 이르되 너희가 내게 화를 끼쳐 나로 하여금 이 땅의 주민 곧 가나안 족속과 브리스 족속에게 악취를 내게 하였도다 나는 수가 적은즉 그들이 모여 나를 치고 나를 죽이리니 그러면 나와 집이 멸망하리라"(창 34:30)

호기심이 부른 비극

야곱은 이제 형 에서와도 화해하고 약속의 땅에 무사히 돌아왔습니다. 하나님께서는 그의 이름을 야곱에서 이스라엘로 바꿔주셨습니다. 하지만 흥미롭게도 성경은 이름이 바뀐 이후에도 어떤 때는 '이스라엘'이라고, 또 어떤 때는 여전히 '야곱'이라고 부르고 있습니다. 창세기 32장 이후에 '야곱'이라는 이름은 약 137회 나오고, '이스라엘'이라는 이름은 약 45회 나타나고 있습니다.

아브라함은 하나님께서 아브람에서 아브라함으로 이름을 바꿔주신 후 단 한 번도 아브람이라고 불리지 않았고, 계속 아브라함으로 불렸습니다. 바울 역시 사울에서 바울이 된 후에는 항상 바울로 불렸습니다. 그러나 야곱은 야곱과 이스라엘, 두 이름이 혼용되고 있습니다. 이는 그의 삶에 야곱스러운 모습과 이스라엘다운 모습이 함께 존재했음을 보여줍니다. 창세기 34장은 이 사람을 '야곱'이라고 부르며, 이제 어떤 일이 벌어질지 예고하고 있습니다.

창세기 34장은 디나의 외출 이야기로 시작합니다. 성경은 "레아가 야곱에게 낳은 딸 디나가 그 땅의 딸들을 보러 나갔더니"(창 34:1)라고 기록합니다. 여기서 디나를 '야곱의 딸'이라 하지 않고 '레아의 딸'이라고 부르는 점이 눈에 띕니다. 이는 야곱의 사랑을 받지 못했던 레아가 낳은 딸이며, 그만큼 소중하게 여겨지지 않고 무관심 속에 있던 딸이라는 뉘앙스를 풍기고 있습니다. 성경에서 여성을 소개할 때 어머니의 이름으로 소개하는 경우는 매우 드뭅니다. 이는 디나가 야곱의 딸이라기보다는 레아의 딸이라는 정체성이 더 부각되었음을 의미합니다.

디나가 세겜 땅의 딸들을 보러 나갔습니다. '보러 나갔다'는 구절은 '자신을 보이러 나갔다'라고도 해석할 수 있습니다. 호기심 많고 어린 나이였던 디나가 그 땅의 사람들을 보러, 혹은 자신을 보이러 나갔습니다.

세겜은 남쪽으로 해발 880m의 그리심산, 북쪽으로 해발 940m의 에발산에 둘러싸인 분지 지형이라 외적의 침입으로부터 안전했습니다. 후에 남북으로 갈라질 때 북이스라엘이 수도로 삼을 만큼, 외부에서 쉽게 침입할 수 없는 요지였습니다. 이러한 지리적 안정성 덕분에 세겜의 문화는 매우 발달했습니다. 마치 아브라함과 롯이 애굽 문명의 화려함에 매료되었던 것처럼, 그리고 롯이 소돔과 여리고의 눈부신 도시 문화에 이끌렸던 것처럼, 디나 역시 그 발달한 세겜 문화를 구경하러 그 땅에 나갔던 것입니다.

디나의 이러한 외출은 아직 어리다는 점을 고려하더라도 매우 위험하고 아슬아슬한 행동이었습니다. 호기심 때문에 나갔을 수는 있지만, 그녀의 경솔함은 주의가 필요했습니다. 그 땅의 여자들을 보러 나갔다는 것은 곧 그 여자들이 남자들을 소개해 줄 가능성을 의미했고, 그 이후에는 예측할 수 없는 통제 불능의 상황이 벌어질 수도 있었습니다.

세겜 성의 지도자는 하몰이라는 사람인데, 그의 아들 세겜은 그 땅의 젊은 추장이었습니다. 이 젊은 추장이 디나를 보고 강제로 그녀를 끌어들여 강간하고 욕보이는 불행한 사건이 벌어졌습니다.

의외의 전개

하지만 이 불행한 사건 뒤에 놀라운 반전이 펼쳐집니다. 디나를 강간하고 욕보였던 세겜에게 예상치 못한 면모가 있었던 것입니다. "그 마음이 깊이 야곱의 딸 디나에게 연연하며 그 소녀를 사랑하여 그의 마음을 말로 위로하고 그의 아버지 하몰에게 청하여 이르되 이 소녀를 내 아내로 얻게 하여 주소서 하였더라"(창 34:3-4). 그가 디나에게 마음이 끌렸고, 직역을 하면 "그의 영혼이 디나에게 달라붙었다"는 뜻입니다. 창세기 2장 4절에서 "남자가 자기 부모를 떠나 그의 아내와 합하여 둘이 한몸을 이룰지로다"라고 결혼을 설명하는데, 여기서 '합하여'가 바로 이 '달라붙다'는 의미와 같은 단어입니다. 부모에게 붙어 있던 영혼이 결혼을 통해 배우자에게 영원히 달라붙는 것, 그것이 성경이 말하는 결혼입니다. 그런데 지금 이 세겜의 마음이 디나에게 그렇게 '달라붙었다'는 것입니다. 이는 디나를 정말 아내같이 사랑했다는 것입니다.

또한 이 세겜이 그 소녀를 사랑하여 그녀의 마음을 말로 위로했다고 합니다. 이와 대조적으로, 다윗의 아들 암논이 그의 이복동생 다말을 강간하는 비극적인 사건에서는 어떤 일이 일어났습니까? 암논은 다말을 몹시 연모했으나, 강간한 후에는 그 연모했던 마음보다 몇 배로 그녀를 혐오하고 미워하여 쫓아냈습니다. 하지만 세겜은 달랐습니다. 그는 디나에게 깊이 연연하고 사랑하며, 그녀를 위로했고, 아버지에게 정식으로 결혼하게 해달라고 요청하기까지 했습니다. 이처럼 이 사건은 처음의 비극적인 시작과는 달리, 예상치 못한 방향으로 전개되는 의외의 면을 보여 줍니다.

여기에 또 다른 의외성을 보이는 인물이 있습니다. 바로 아버지 야곱입니다. 부모로서 당연히 분노하며 딸의 명예와 존엄을 회복하기 위해 나서야 할 텐데, 야곱은 아무 말도 하지 않고 잠잠했습니다. 그는 왜 침묵했을까요? 신중해서였을까요? 아니면 너무 큰 슬픔에 잠겨 할 말을 잃었기 때문이었을까요? 혹은 자신이 그다지 사랑하지 않던 레아의 딸이었기 때문에 무관심했던 것은 아니었을까요?

다윗은 아들 암논이 다말을 범했다는 소식을 듣고 격노했습니다. 비록 분노만 할 뿐 아무 조치도 취하지 않아 그 후에 더 큰 비극이 벌어지지만, 최소한 처음 소식을 들었을 때 격렬하게 감정을 드러냈습니다. 야곱 역시 사랑하는 아들 요셉이 사라졌다는 소식을 들었을 때는 옷을 찢고 식음을 전폐했으며, 위로받기를 거부할 만큼 격렬하게 반응했습니다. 그러나 하나뿐인 딸이 그런 일을 당했을 때 야곱은 의외로 침묵했습니다.

그때 세겜의 아버지 하몰과 그의 아들 세겜이 야곱을 찾아와 디나와의 결혼을 요청합니다.

이 상황에서 한쪽 아버지는 아들을 위해 적극적으로 나서는 반면, 다른 아버지인 야곱은 딸을 위해 소극적으로 행동하며 나서지 않습니다. 이는 하몰에게 세겜이 존귀한 아들이었던 반면에, 야곱에게는 디나가 무관심 속에 방치된, 사랑받지 못하는 딸이었다는 사실을 보여줍니다.

이런 아버지의 침묵에 오빠들이 분노합니다. 그들은 디나에게 일어난 일뿐만 아니라, 이를 대하는 아버지의 태도에도 분노했습니다. 여기에 모인 아들들은 모두 야곱에게 사랑받지 못했던 자식들입니다. 야곱에게는 아내 라헬과 아들 요셉만이 전부였기에, 다른 자식들은 소외감을 느꼈습니다. 사랑받지 못한 자식들이 모여서 분노했습니다. 성경은 이 사건을 '부끄러운 일'이라고 표현했는데, 이는 사형에 해당하는 죄, 망령된 일, 또는 어리석은 일이라고 번역되기도 합니다. 이 단어는 이스라엘을 패전으로 이끈 아간의 도둑질에 쓰인 단어입니다. 또한, 암논이 다말을 범했을 때도 동일하게 망령된 일이라고 했습니다.

속고 속이는 협상

하몰이 야곱에게 와서 한 말을 들어보십시오. "내 아들 세겜이 마음으로 너희 딸을 연연하여 하니 원하건대 그를 세겜에게 주어 아내로 삼게 하라"(창 34:8). 이 구절은 우리말 번역에서는 잘 드러나지 않지만, 매우 정중하고 최상의 예의를 갖춘 표현입니다. 한마디로 "우리 아들이 당신의 딸을 마음에 두고 있으니, 부디 당신의 딸을 우리 아들에게 주어 아내로 삼게 해달라"고 정중하게 요청한 것입니다.

하몰은 야곱에게 통혼을 제안하며 이렇게 말했습니다. "우리가 서로의 딸을 주고받으며 함께 이 땅에 머물러 살자. 너희가 우리 땅에서 자유롭게 왕래하고, 매매하며 장사하고, 심지어 기업까지 얻을 수 있을 것이다." 그는 이 결혼이 가져다줄 경제적 이익을 강조하며, 야곱의 가족이 그들의 땅에서 안정적으로 정착하고 번영할 수 있을 것이라고 설득했습니다.

이 땅을 주겠다고 하는 것은 하나님의 약속과 같은 내용이었습니다. 하지만 하몰은 하나님의 약속을 기다릴 필요 없이, 이 결혼만 허락하면 당장 그 땅을 기업으로 얻게 될 것이라고 야곱을 설득했습니다. 이 제안은 겉으로는 매우 정중하고 유익해 보였지만, 한 가지 중요한 점이 빠져 있었습니다. 바로 사과였습니다. 하몰은 자신의 아들이 저지른 죄에 대해 사과하지 않고 대신, "내 아들이 당신의 딸을 좋아하니 결혼만 시켜주면 앞으로 모든 것이 좋아질 것이다. 우리 두 부족이 함께 어우러져 영원히 잘 살아보자"는 식으로 이득만을 강조했던 것입니다.

지금 디나는 어디에 있습니까? 세겜의 집에 억류되어 있습니다. 이것은 야곱의 딸을 볼모로 잡고 협상에서 유리한 위치를 차지하려는 의도입니다. 딸이 붙잡혀 있는 상황에서 이 제안을 거절할 수 있는 아버지는 없을 것입니다. 게다가 하몰이 제시한 조건까지 훌륭하니, 야곱으로서는 더욱 난감했을 것입니다.

그러자 아들 세겜도 직접 나섰습니다. "이 소녀만 내게 주어 내 아내가 되게 하라. 아무리 큰 혼수와 예물을 청할지라도 너희가 내게 말한 것은 다 주리라." 세겜은 거절할 수 없는 제안을 합니다. 혼수든 예물이든, 심지어 벌금이든, 야곱의 가족이 요구하는 대로 다 줄 테니 딸만 보내달라고 간청합니다. 그는 이 결혼을 통해 야곱의 가족이 엄청난 경제적 이익을 얻을 수 있을 것이라고 이야기했습니다.

야곱이 침묵하자, 그의 아들들이 나섰습니다. 그들은 종교적인 이유를 들어 할례받지 않은 사람과는 결혼할 수 없다고 말했습니다. 하나님의 백성이라는 표식인 할례를 받은 사람하고만 혼인이 가능하다는 것입니다. 아들들은 하몰과 세겜에게 "너희 모든 남자가 아브라함의 규례대로 할례를 받는다면, 그때는 너희 제안을 받아들이겠다. 그러면 우리가 서로 통혼하며 이 땅에서 함께 살고, 장사하며 매매하고, 땅을 얻으며 영원히 같이 살 수 있다. 하지만 할례를 받지 않으면 이 제안을 받아들일 수 없다"고 이야기했습니다.

세겜은 디나를 아내로 맞고 싶어 안달하고 있었고, 이를 간파한 야곱의 아들들은 그 마음을 역이용했습니다. 하몰과 세겜은 이 제안을 옳게 여겨 곧바로 동의했습니다. 그들은 잠깐의 고통만 감수하면 세겜은 디나를 아내로 얻고, 하몰은 야곱의 모든 재산을 손에 넣을 수 있을 것이라고 생각했습니다. 마치 도박꾼이 상대방의 패는 보지 않고 자신의 패만 보며 일확천금을 꿈꾸는 것처럼 말입니다. 하몰과 세겜은 이 제안이 자신들 민족을 몰살시킬 재앙이 될 줄은 꿈에도 생각하지 못한 채, 흔쾌히 그 제안을 받아들였습니다.

세겜과 하몰은 야곱의 아들들의 제안에 동의한 후 성읍으로 돌아왔습니다. 그들은 곧장 성문으로 가 사람들을 설득하기 시작했습니다. 당시 성문은 재판이나 중요한 회의가 열리는 공식적인 장소였습니다. 하몰과 세겜은 성읍 사람들에게 이렇게 말했습니다. "우리에게 아주 좋은 일이 생겼습니다. 막대한 재산을 가진 야곱이 우리와 친구가 되기를 원합니다. 그들로 우리와 함께 거주하며 자유롭게 장사하고 교류하며 통혼하게 합시다. 우리 자녀와 그들의 자녀를 서로 결혼시키면, 결국 그들의 모든 가축과 재산은 우리 것이 될 것입니다. 그들이 우리 민족에 흡수될 것입니다." 하지만 이득이 큰 이 거래에 한 가지 조건이 있는데, 야곱 가족이 가진 종교적 이유로 그들 모두 할례를 받아야 한다는 것을 전했습니다.

하몰과 세겜은 성읍 사람들에게 모든 사실을 밝히지 않았습니다. 세겜이 디나를 욕보인 일, 그리고 세겜이 디나를 정식 아내로 맞고 싶어서 이 모든 말이 오갔다는 사실을 숨겼습니다. 또한, 자신들이 야곱의 아들들에게 어떤 약속을 했고, 그들이 어떤 조건을 내걸었는지도 말하지 않았습니다. 그들은 오직 이 통혼이 가져다줄 경제적 이익만을 크게 부각했습니다. 이 일이 성사되면 야곱의 모든 재산을 손에 넣을 수 있고, 아내로 맞을 수 있는 대상으로 더 많은 여자들이 생기니, 야곱과 친목하고 통혼하자고 설득했습니다. 야곱의 재산에 눈독을 들이던 세겜 사람들은 이 제안에 만장일치로 찬성했습니다.

종교개혁자 칼빈은 이 대목을 이렇게 주석했습니다. "하몰과 세겜은 그 밖의 이점들을 열거한다. 한편 그들은 그들 요구의 사적이면서도 진정한 이유는 교활하게 숨긴다. 그러므로 이 모든 구실들은 당연히 거짓이 된다. 큰 권세를 가진 높은 지위의 사람들이 모든 것을 자신들의 사적인 목적에 종속시키면서도 공동선을 위해 고심하는 체하고 또 공동의 이익을 소망하는 척하는 것은 매우 흔한 병적인 불건전한 상태이다."

겉으로는 세겜 사람들의 이익을 위하는 것처럼 보였지만, 사실 이 모든 결정은 하몰과 세겜 개인의 욕심에서 비롯된 것이었습니다. 여기에는 두 가지 교묘한 속임수가 맞물려 있습니다. 먼저, 야곱의 아들들이 하몰과 세겜을 속였습니다. 그리고 하몰과 세겜은 성읍 사람들을 속였습니다. 이 두 가지 속임수가 결합되어 결국 재앙적인 결과를 초래하게 됩니다. 속이는 자가 속임을 당하게 되는 상황이 벌어집니다. 이것은 야곱의 인생이 보여준 진리입니다. 남을 속이는 자는 언젠가 반드시 속임을 당하게 됩니다. 이 제안이 만장일치로 통과되고, 세겜 성의 모든 남자들은 할례를 받았습니다. 그로 인해 그들은 전투력을 완전히 잃은, 무방비 상태가 되었습니다.

악한 복수

그렇게 할례를 받은 지 사흘째 되던 날, 디나의 동복오빠였던 시므온과 레위가 칼을 들고 세겜 사람들을 기습했습니다. 이들은 할례의 고통이 가장 심해 무방비 상태가 되었을 때를 노려, 성 안의 모든 남자들을 죽였습니다. 그리고 붙잡혀 있던 디나를 구출해 데리고 나왔습니다. 나머지 여덟 명의 야곱의 아들들은 그 성읍을 약탈하기 시작했습니다. 그들은 양과 소, 나귀를 비롯해 성읍과 들판에 있던 모든 재물들을 챙겼고, 아이들과 여자들을 모두 노예로 잡아왔습니다.

그동안 침묵하던 야곱이 마침내 입을 열었습니다. 창세기 34장에서 그가 처음 내뱉은 말은 아들들을 향한 책망이었습니다. "야곱이 시므온과 레위에게 이르되 너희가 내게 화를 끼쳐 나로 하여금 이 땅의 주민 곧 가나안 족속과 브리스 족속에게 악취를 내게 하였도다 나는 수가 적은즉 그들이 모여 나를 치고 나를 죽이리니, 그러면 나와 내 집이 멸망하리라"

(창 34:30). 야곱의 책망은 "어찌 이런 짓을 했느냐?"라거나 "어떻게 하나님의 백성의 증표인 할례를 이토록 악하게 이용할 수 있느냐?"와 같은 윤리적, 신앙적인 질책이 아니었습니다. 그는 오직 이 사건이 초래할 결과에 대한 염려만을 쏟아냈습니다. "이 일 때문에 우리가 죽게 될 것이다. 이제 더 이상 가나안 땅에서 살아갈 수 없게 되었다." 야곱은 영적 가치보다는 생존과 현실적인 문제를 먼저 생각하는 전략적인 면모를 보였습니다. 이것이 바로 야곱스러운 모습입니다. 간신히 에서의 400명을 피했는데, 이제는 가나안 모든 민족을 적으로 돌리게 되었다는 절망감이 그의 말에 담겨 있습니다.

야곱은 아들들이 할례를 이용해 속임수를 꾸미고 있다는 것을 알고 있었을 가능성이 큽니다. 평생 남을 속이고 또 속임을 당하며 살아온 그는 속임수에 대해 누구보다 잘 아는 '속임수의 달인'이었습니다. 또한 그는 아버지였습니다. 아들들의 눈빛이나 목소리, 표정만 봐도 무슨 생각을 하는지 꿰뚫어볼 수 있었을 것입니다. 그럼에도 불구하고 야곱은 이 계획을 묵인했습니다. 그는 아마 하몰과 세겜만 처단하고 디나를 되찾아오는 선에서 일이 마무리될 것이라고 생각했을 것입니다. 그러나 아들들이 온 성을 쑥대밭으로 만들고 남자들을 몰살시키는 극단적인 보복을 할 줄은 예상하지 못했습니다.

아버지의 책망에 아들들이 이렇게 항변합니다. "그들이 이르되 그가 우리 누이를 창녀같이 대우함이 옳으니이까"(창 34:31). 지금 야곱의 아들들이 분노하는 대상이 누이를 창녀같이 대우한 세겜인지, 현실적인 문제만을 걱정하는 야곱인지 모르겠습니다. 디나를 가리켜 '아버지의 딸'이 아닌 '우리 누이'라고 부르며, "우리 누이가 능욕을 당했는데, 왜 뒷일만 걱정하십니까? 일단 가서 구하는 게 먼저 아닙니까? 그들은 우리 누이를 욕보인 것도 모자라, 뻔뻔하게 찾아와 거래를 제안했습니다. 이것은 우리를 향한 모욕이고 조롱입니다"라고 격렬하게 항의했다는 것입니다.

정리해 보겠습니다. 에서 문제를 잘 넘긴 야곱은 가나안 땅에 순조롭게 정착할 것이라는 예상과 달리 큰 어려움에 부딪힙니다. 세겜의 욕정과 야곱의 비겁함, 그리고 아들들의 어리석음이 겹쳐 하나님의 약속이 위협받는 것처럼 보였습니다. 하지만 창세기 35장에서 알 수 있듯이, 하나님께서는 이 문제를 해결하십니다. 하나님은 오히려 이 어려움을 선으로 바꾸셔서 야곱이 다시 벧엘을 향해 나아가게 하십니다. 이로써 하나님은 별과 같은 자손을 약속하시고 그들에게 이 땅을 주시겠다는 언약을 이루어 가십니다. 결국 인간의 어떠한 문제도 하나님의 약속을 좌절시킬 수 없습니다. 인간의 탐욕, 어리석음, 비겁함, 악함 등 모든 문제에도 불구하고, 신실하신 하나님께서는 그분의 약속을 친히 이루어 가신다는 것을 보여줍니다. 그렇기에 하나님의 약속은 그 어떤 것으로도 훼손될 수 없습니다.

따라서 우리가 의지할 것은 오직 하나님의 은혜뿐입니다. 우리에게 탐욕, 비겁함, 어리석음, 악함이 없다고 말할 수 있을까요? 그럼에도 불구하고 우리가 하나님의 약속과 말씀을 신뢰하는 이유는 무엇입니까? 그것은 우리가 그 약속을 이룰 능력이 있어서가 아니라, 바로 하나님께서 신실하시기 때문입니다. 하나님은 반드시 그분의 약속을 이루어 가실 것입니다. 이것이 바로 복음입니다. 우리는 부족하지만, 신실하신 하나님께서 그분의 약속을 반드시 성취하실 것이라는 이 복음을 믿음으로 받아들이시길 바랍니다.

누가 옳은가

우리가 또 한 가지 생각해볼 점은 인간의 양면성입니다. 이 이야기 속 등장인물들 가운데 그 누구도 100% 선하거나 100% 악하지 않습니다. 완벽하게 옳고 순수한 사람도 없으며, 반대로 절대적으로 악한 사람 또한 없다는 것을 알 수 있습니다.

야곱은 '야곱'과 '이스라엘' 사이를 오가는 모습을 보입니다. 때로는 인간적인 약점과 술수를 지닌 '야곱'처럼 행동하다가, 때로는 하나님과 씨름하여 이긴 '이스라엘'답게 행동합니다. 이는 야곱뿐만 아니라 이야기 속 모든 등장인물이 지닌 공통된 특징이기도 합니다.

디나를 보십시오. 디나의 행동에는 호기심과 경솔함이 뒤섞여 있음을 알 수 있습니다. 어린 나이이기에 호기심이 생기는 것은 당연합니다. 하지만 디나는 경솔함을 경계했어야 했고, 그 이후에 벌어질 일들에 대해 더욱 신중했어야 합니다.

세겜을 보십시오. 그는 디나를 강간한 악한 범죄자입니다. 성경은 그가 디나를 '끌어들여 강간하고 욕보였다'고 기록하고 있습니다. 하지만 그가 정체불명의 악인이 아니라 디나를 사랑하는 소년이었다는 점에 주목해야 합니다. 그는 디나의 상처 입은 마음을 위로하려 애썼고, 어떤 대가를 치르더라도 정식으로 결혼하여 책임지려 했습니다. 이처럼 세겜에게도 양면성이 존재함을 알 수 있습니다.

세겜의 아버지 하몰은 어떻습니까? 그는 야곱을 찾아와 최대한의 예의를 갖춰 정중하게 혼사를 요청하지만, 정작 자신의 아들이 저지른 죄에 대해서는 사과하지 않습니다. 게다가 그는 디나를 자신의 집에 억류해 두어 협상을 유리하게 이끌려 했고, 백성을 속이는 것도 서슴지 않았습니다. 나아가 경제적 이익에 눈이 멀어 자신의 민족이 곧 파멸에 이를 것이라는 사실조차 내다보지 못한 어리석은 지도자이기도 했습니다. 이처럼 하몰에게도 선과 악이 공존하는 양면성이 있었습니다.

야곱은 어떻습니까? 그는 아내 레아를 사랑하지 않았기에 그녀의 딸인 디나에게도 별다른 관심이나 애착을 보이지 않았습니다. 심지어 딸이 강간을 당했음에도 침묵하며, 디나의 명예와 존엄을 회복하기 위한 어떤 노력도 하지 않습니다. 하지만 유대 랍비들은 오히려 야곱을 긍정적으로 평가하기도 합니다. 그들은 야곱이 섣불리 행동하여 일을 더 크게 만들지 않고, 시간이 해결하도록 맡긴 것을 신중하고 지혜로운 처사로 보았습니다.

야곱의 아들들은 어떻습니까? 그들은 이방 민족과의 통혼을 반대했습니다. 이는 아브라함이 이삭의 며느리를 구하기 위해 종을 밧단아람으로 보냈고, 야곱 자신도 그곳에서 아내를 얻었던 선조들의 정신을 따른 것이었습니다. 또한 동생의 명예를 회복하려 했던 그들의 의도는 훌륭하지만 그들의 행동이 옳았다고는 할 수 없습니다. 하지만 그들에게는 다른 선택지가 없었습니다. 수적으로 절대 열세였기 때문에 무력으로 디나를 구출할 수 없었고, 그냥 둘 수도 없어 결국 속임수를 사용하게 됩니다. 이 과정에서 그들은 하나님의 백성의 증표인 할례를 이용했고, 죄 없는 성읍 사람들을 모두 살육하고 약탈하는 잔인한 모습을 보입니다. 이 행동에는 정당한 응징과 부당한 탐욕이 뒤섞여 있었으며, 거룩한 분노와 사악한 계산이 함께 존재했습니다.

그렇다면 이 이야기 속에서 누가 선하고 누가 악합니까? 하나님의 말씀대로 행한 사람은 누구이며, 거슬러 행한 사람은 누구입니까? 누가 '야곱'이고 누가 '이스라엘'일까요? 결론적으로, 등장인물 모두가 복합적인 존재입니다. 그 누구도 100% 순수한 의인이거나 100% 순수한 악인이 아닙니다. 오직 예수님만이 100% 순전한 의인이시며, 마귀만이 100% 순전한 악인입니다. 모든 인간은 그 사이에 존재합니다. 중요한 것은 바로 비중의 문제입니다. 내 안에 '야곱스러움'이 더 많은지, 아니면 '이스라엘다움'이 더 많은지의 문제인 것입니다.

그러므로 내 안의 '야곱스러움'을 발견하더라도 너무 비관하지 마십시오. 우리 모두에게 야곱스러움은 존재하기 때문입니다. 마찬가지로 형제의 '야곱스러움'을 볼 때도 지나치게 비판하지 마십시오. 그렇다면 우리는 어떻게 해야 할까요? 바로 '이스라엘다움'을 더 키워가도록 힘써야 합니다. "하나님, 제 삶에 이스라엘다운 생각, 표현, 태도, 행동과 열매들이 더욱 늘어나게 하옵소서. 제 안에 가득한 야곱스러움, 사악한 계산, 불합리한 탐욕을 줄여 주옵소서"라고 기도해야 합니다.

바른 해결책은 무엇인가

마지막으로 생각해 볼 점은 이것입니다. 그렇다면 딸 디나의 명예와 존엄을 회복하기 위해 어떻게 하는 것이 옳았을까요? 이미 벌어진 일에 대해 이 등장인물들은 과연 어떻게 행동했어야 했을까요?

하몰과 세겜은 디나와의 결혼을 통해 모든 문제가 해결되리라 생각했습니다. 하지만 가장 먼저 했어야 할 일은 자신들의 잘못에 대해 사죄하는 것이었습니다. 야곱과 에서의 화해에서 볼 수 있듯이, 진정한 사죄가 용서의 시작이 됩니다. 따라서 결혼이 가져올 이익을 논하기에 앞서, 먼저 진심으로 사과하는 것이 옳았습니다.

야곱은 아버지로서 어떻게 했어야 옳았을까요? 아무런 대책 없이 그냥 내버려 두는 것이 과연 현명한 선택이었을까요? 딸은 볼모로 잡혀 있고, 싸울 수도 없는 정말 난감한 상황입니다. 야곱은 과거에도 이와 비슷한 상황에 놓인 적이 있었습니다. 400명의 군사를 이끌고 오는 에서를 맞닥뜨려야 하는데, 사신을 보내고 선물을 줘도 해결되지 않았습니다. 그 때 야곱은 얍복강에서 밤새도록 하나님께 매달렸습니다. "축복해 주시지 않으면 놓지 않겠습니다"라고 말하며, 오직 하나님만이 자신을 도울 수 있다고 부르짖으며 씨름했습니다. 디나의 일에서도 야곱은 그렇게 했어야 합니다. "하나님, 도와주십시오. 이 일을 해결해 주실 분은 오직 하나님뿐입니다"라고 간절히 매달렸어야 했습니다.

야곱의 아들들은 어떻게 했어야 했을까요? 그들은 속임수를 써서라도 디나를 데려오려 했지만, 그에 앞서 하몰과 세겜의 진심 어린 사과를 먼저 받았어야 했습니다. 그다음 디나를 돌려받고, 그녀의 회복과 재발 방지에 대한 확고한 약속을 받아냈어야 합니다. 또한 그들은 하나님의 백성으로서, 할례를 받은 사람들로서의 도덕적 우위를 잃지 말았어야 했습니다. 상대방이 악을 행했더라도, 똑같이 악으로 갚는 대신 '선으로 악을 이기는' 모습을 보여주었어야 합니다. 끝까지 하나님 백성다운 품격과 우월함을 나타냈다면 훨씬 더 좋았을 것입니다.

여러분, 어쩌면 이 모든 것이 진정으로 디나의 명예와 존엄을 회복하는 길이 아니었을까요? 만약 우리가 그런 상황에 놓였다면 어떻게 했을지 한번 깊이 생각해 보시기 바랍니다.

말씀을 정리하겠습니다. 이 사건의 결과로 야곱은 가장으로서의 권위를 잃기 시작합니다. 앞으로 그는 아들들의 지속적인 도전에 직면하게 될 것입니다. 더 이상 가정을 통치하지 못하고, 가장의 역할을 상실하게 될 것입니다.

그러나 이 사건은 야곱에게 좋은 결과를 가져오기도 했습니다. 바로 벧엘로 다시 올라가게 된 것입니다. 이 일로 야곱은 아무것도 없이 혈혈단신으로 도망치다 돌기둥을 베고 잠들었던 그 시절로 돌아간 것처럼, 다시 하나님 앞에 엎드리게 됩니다. 그는 "하나님, 도와주십시오. 하나님, 살려주십시오"라고 간절히 매달립니다. 이처럼 우리 인생은 참으로 복합적입니다. 우리 안에 있는 '야곱스러움'은 점점 버려지고 '이스라엘다움'이 점점 늘어나게 해달라고 기도합시다.

"하나님이 야곱에게 이르시되 일어나 벧엘로 올라가서 거기 거주하며 네가
네 형 에서의 낯을 피하여 도망하던 때에 네게 나타났던 하나님께 거기서
제단을 쌓으라 하신지라"(창 35:1)

벧엘로 올라가라

야곱은 이제 큰 위험에 처하게 되었습니다. 외지에서 들어온 이방인
이 그 지역의 한 부족을 몰살시켰으니, 다른 가나안 부족들이 이를 가만
히 보고만 있지는 않을 것입니다. 곧 저들의 대대적인 공격이 시작될 것
입니다. 바로 그때 하나님께서 야곱을 찾아오셨습니다.

저는 하나님의 이런 모습이 정말 좋습니다. 우리가 막다른 골목에 놓
이거나 감당할 수 없는 위기를 만났을 때, 비록 그 위기가 우리의 실수와
잘못으로 인해 발생했더라도, 하나님은 우리를 잊지 않고 찾아오십니다.
그리고 살 길을 열어 주십니다. 하나님께서 위기에 처한 야곱에게 주신
말씀은 바로 이것이었습니다. "일어나 벧엘로 올라가라"(창 35:1). 벧엘은
야곱에게 매우 특별한 장소였습니다.

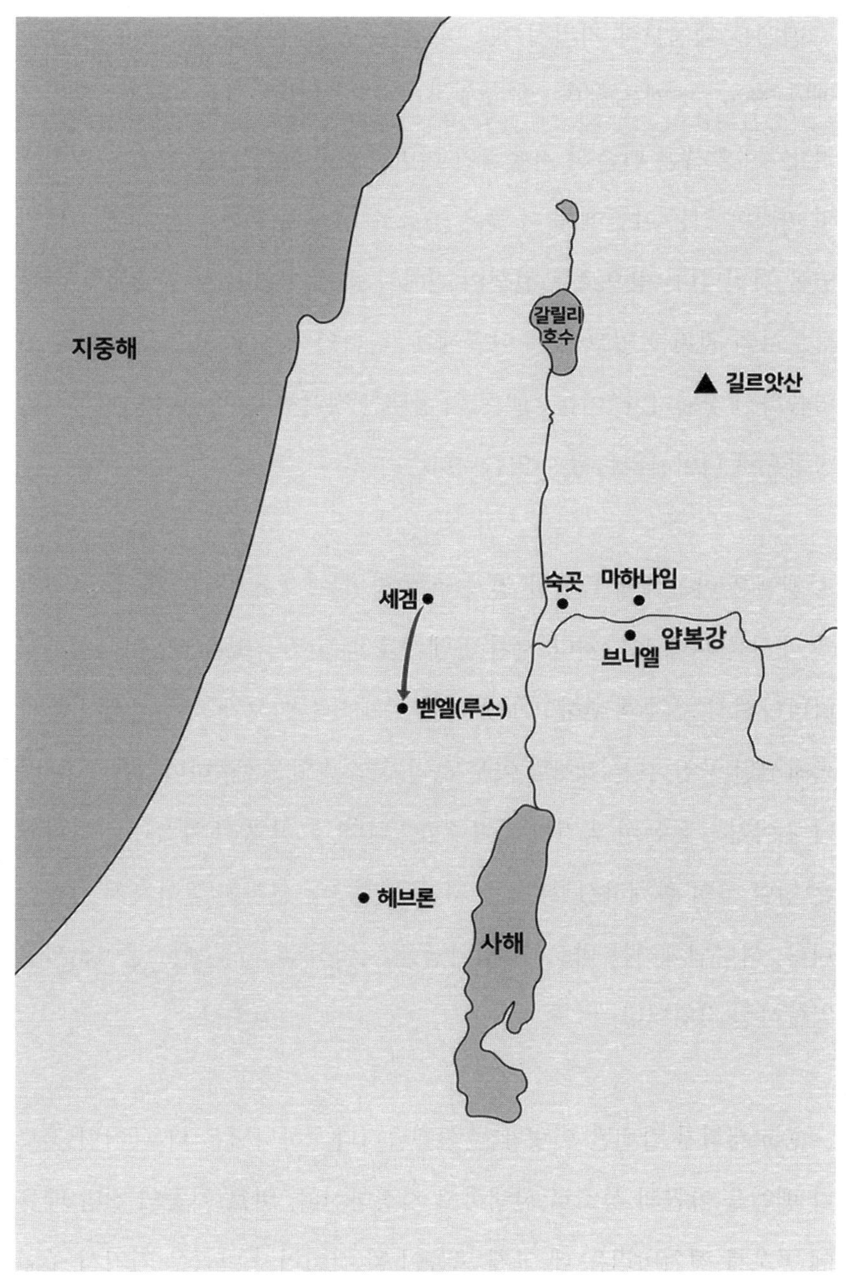

〈지도 10. 벧엘로 올라가다〉

벧엘은 세겜보다 지리적으로 더 높은 곳에 위치해 있습니다. 세겜은 해발 590m, 벧엘은 해발 894m에 자리하고 있었습니다. "벧엘로 올라가라"는 이 말씀은 단순히 지형적인 의미만을 뜻하지는 않습니다. 영적으로 바닥에 있는 야곱에게 더 높은 곳으로 '영적 등고선을 높이라'는 의미였을 것입니다. 밖으로는 전쟁의 위협과 몰살의 위기를, 안으로는 가장으로서의 권위를 잃고 있는 야곱에게, 하나님께서는 "고도를 높이라"고 말씀하신 것입니다. 이는 스스로의 상태를 직시하고, 주님이 인도하시는 방향으로 나아가라는 뜻이었습니다.

벧엘은 야곱에게 특별한 영적 추억이 있는 장소이기도 합니다. 과거형 에서를 피해 도망치다 지쳐 돌베개를 베고 잠들었을 때, 하나님께서 나타나셔서 그와 동행하고 보호하며 무사히 돌아오게 해주시겠다고 약속하셨던 곳입니다. 그처럼 아무도 의지할 곳 없을 때, 하나님은 친히 나타나 야곱의 든든한 의지가 되어주셨습니다. 그리고 그 약속대로 하나님은 정말 그와 함께하셨고, 그를 지켜주셨으며, 무사히 돌아오게 하셨습니다. 하나님께서는 바로 그 하나님을 기억하고, 그분께로 돌아오라고 말씀하신 것입니다.

종교개혁자 칼빈은 이렇게 주석했습니다. "하나님은 다른 어떤 곳보다 벧엘을 야곱의 성소로 선택하고 지정하신다. 바로 이곳의 전망 때문에 공포를 떨쳐버리는 데 크게 도움이 될 것이어서 야곱은 거기서 주님의 영광을 본 것을 기억했을 것이다." 벧엘은 야곱이 하나님을 처음 만났고, 그분께 약속을 받았던 장소입니다. 또한 그가 잊고 있었던 하나님을 다시 떠올리게 해주는 곳이었습니다. 하나님께서 어떻게 나타나셨는지, 어떤 약속을 주셨는지, 그리고 그 약속을 어떻게 이루셨는지를 상기시켜 주는 의미 있는 장소였던 것입니다.

여러분에게도 '벧엘'과 같은 장소가 있습니까? 탕자에게는 아버지의 집이, 나오미에게는 고향 땅 베들레헴이 바로 그런 장소였습니다. 가장 밑바닥까지 내려갔을 때, 모든 것을 잃어버렸을 때, 감당할 수 없는 위기를 만났을 때 떠오르는 곳. 다시 돌아가야 하는 곳. 하나님과 나를 다시 연결해 주는 당신의 '벧엘'은 어디입니까? 만약 지금 바닥을 헤매고 있거나, 위기를 만났거나, 의지할 곳이 아무도 없다면, 하나님의 말씀에 귀 기울여 보십시오. "벧엘로 올라가라. 그 장소로 돌아가라."

야곱의 종교개혁

야곱은 마침내 돌아가기로 결심합니다. 이제 하나님은 더 이상 그와 씨름하실 필요가 없게 되었습니다. 야곱이 오직 말씀만으로도 하나님의 뜻을 따랐기 때문입니다. 야곱은 모든 가족을 모아놓고 이야기합니다. 성경에 "야곱이 이에 자기 집안 사람과 자기와 함께한 모든 자에게 이르되"(창 35:2)라고 기록된 것처럼, 그는 아들들뿐만 아니라 집에 있는 모든 사람을 불러 모았습니다. 이는 할아버지 아브라함에게서 배운 것입니다. 아브라함은 하나님이 말씀하시면 종이든 나그네든 가릴 것 없이 온 집안 사람들과 함께 그 말씀을 따랐습니다. 야곱 역시 모든 가족을 불러 모아

정결한 몸과 마음으로 하나님께 나아가야 한다고 절박하게 이야기했습니다.

야곱은 가족들에게 "우리가 일어나 벧엘로 올라가자 내 환난 날에 내게 응답하시며 내가 가는 길에서 나와 함께 하신 하나님께 내가 거기서 제단을 쌓으려 하노라"(창 35:3)고 말합니다. 야곱은 그동안 수많은 환난을 겪으며 살아왔지만, 지금 닥친 몰살의 위기는 이전과는 비교할 수 없는 큰 고난이었습니다. 바로 지금이야말로 하나님의 동행과 보호, 그리고 무사 귀환이 절실하게 필요한 순간이었던 것입니다.

그러면서 야곱은 세 가지를 제시합니다. 첫째, 이방 신상들을 버리고, 둘째, 자신을 정결하게 하고, 셋째, 의복을 바꾸어 입으라고 명령했습니다.

가장 먼저, 야곱이 이방 신상들을 버리라고 명령하자, 온 집안 사람들이 가지고 있던 신상들과 귀고리를 모두 야곱에게 가져왔습니다. 놀랍게도, 하나님을 섬긴다고 알려진 야곱의 집안에 이렇게 이방 신상이 가득했던 것입니다. 라헬이 아버지에게 훔쳐 온 드라빔을 포함해 세겜 땅에 살면서 들어온 온갖 우상들을 버리라고 하자, 심지어 귀고리까지 모두 가져왔습니다. 귀고리 자체가 우상은 아니지만, 앞으로 우상이 될 소지가 있는 것, 혹은 우상의 재료가 될 만한 것까지 모두 가져와 상수리나무 아래에 묻었습니다.

상수리나무는 크고 눈에 잘 띄는 나무입니다. 야곱의 가족은 모든 사람이 보는 앞에서 그 큰 나무 아래에 신상들과 우상이 될 소지가 있는 것들까지 모두 묻고 새로운 출발을 다짐했습니다. 새로운 시작은 과거와의 단절에서 비롯됩니다. 죄와의 단절 없이는 진정한 새 출발도 있을 수 없습니다.

여호수아는 약속의 땅인 가나안에 들어가기 직전, 이스라엘 백성들에게 "너희 조상들이 섬기던 우상을 제거하라"고 말했습니다. 바로 거기서부터 약속의 땅에서의 새로운 출발이 시작된 것입니다. 새로운 시작은 장소를 바꾸는 것에 있지 않습니다. 장소의 변화가 새 출발을 보장하는 것이 아니라, 과거와의 단절, 죄와의 단절이 진정한 새 출발을 가져다줍니다. 이 단절이 없다면 벧엘이나 세겜이나 아무런 차이가 없는 것입니다.

이제 땅에 묻힌 신상들을 보십시오. 한때는 숭배받던 존재였지만, 이제는 도둑맞고 아래 깔리다가 결국 땅에 묻히는 신세가 되었습니다. 이것이 우상의 실체입니다. 야곱의 가족은 우상을 땅에 묻고 떠났습니다. 그렇다면 가나안 부족들이 그들을 추격했을까요? 성경은 이렇게 기록합니다. "그들이 떠났으나 하나님이 그 사면 고을들로 크게 두려워하게 하셨으므로 야곱의 아들들을 추격하는 자가 없었더라"(창 35:5). 신속한 순종은 신속한 보상으로 이어집니다. 야곱의 가족이 순종하자마자, 하나님께서 가나안 부족들에게 신적인 두려움을 주셨습니다. 이로 인해 야곱의 가족은 세겜을 무사히 빠져나올 수 있었습니다.

가나안 부족들에게 임한 신적인 두려움은 과연 무엇이었을까요? 그 것은 야곱의 집안이 모든 신상을 상수리나무 아래에 묻었음에도 불구하고 그들에게 아무런 재앙이나 화가 닥치지 않은 것이었습니다. 당시에는 이처럼 커다란 나무가 신을 섬기는 제단이 있는 신성한 장소로 여겨졌습니다. 우리나라의 성황당과 같은 곳입니다. 그런데 그 신성한 장소에 이방 신들을 묻었음에도 야곱의 가족에게 아무 일이 일어나지 않았습니다. 이 광경을 본 가나안 부족들은 야곱의 하나님, 즉 여호와 하나님이야말로 크고 두려운 신이라는 '신적 두려움'을 느끼게 된 것입니다.

아프리카에서 우물을 파는 사역을 하시는 어떤 선교사님은 보통 큰 나무를 찾아 그 아래를 판다고 합니다. 이런 큰 나무가 잘 자라기 위해서는 물이 필요하므로 그 주변에 수맥이 흐를 확률이 높기 때문입니다. 하지만 그 나무 밑을 파려고 하면 마을 주민들이 와서 극구 말린다고 합니다. 그들에게는 그 큰 나무가 신성한 존재이자 제단이어서, 그렇게 하면 저주와 재앙이 닥칠 것이라고 믿었기 때문입니다. 그러나 선교사님은 개의치 않고 땅을 팠고, 결국 물이 솟아나와 온 마을에 생수를 공급할 수 있게 되었습니다. 놀랍게도 마을 사람들이 우려했던 저주나 재앙은 선교사님 가정에 전혀 일어나지 않았습니다. 이런 경험을 통해 마을 주민들은 하나님이 정말 위대한 신인 것을 깨닫게 된다는 것입니다.

그와 같은 일이 야곱의 삶에서 벌어지고 있었습니다. 모든 우상들을 다 묻어버렸는데도 사람들이 생각했던 재앙이나 화가 일어나지 않았습니다. 모든 우상들을 땅에 묻어버리는 야곱과 그를 보호하시는 크신 하나님이 저들에게 두려움과 공포를 불러일으키기에 충분했을 것입니다.

　두 번째, 정결하게 하라고 했습니다. 성경에는 하나님을 만나거나 거룩한 일을 하기 전에 몸을 깨끗이 씻으라는 명령이 여러 번 나옵니다. 대표적인 예로, 시내산에서 하나님을 만나기 전 이스라엘 백성에게 몸을 씻으라고 하셨고, 제사장들도 성소에 들어가기 전 반드시 몸을 씻어야 했습니다. 여기서 '몸을 깨끗이 씻으라'는 말은 단순히 육체적인 청결만을 의미하지 않습니다. 하나님 앞에서 자신을 정결하게 하고 하나님을 만날 준비를 하라는 영적인 의미가 담겨 있습니다. 즉, 세겜에서의 더러운 때와 먼지를 모두 씻어내고, 하나님을 맞이할 준비를 하라는 명령이었던 것입니다.

　세 번째는 의복을 바꾸라고 합니다. 이 명령은 야곱에게 특별한 의미를 지닙니다. 야곱은 그동안 여러 옷을 입고 살아왔습니다. 아버지 이삭을 속이기 위해 형의 옷을 입었고, 라반의 집에서는 종의 옷을 입고 살았으며, 세겜에서는 그곳 사람들과 다르지 않은 세속적인 옷을 입고 있었습니다. 이제 하나님은 그 모든 옷을 벗어버리고, 하나님의 백성으로서의 새 옷을 입으라고 말씀하십니다. 더 이상 세상에 속한 자가 아니라, 하나님께 속한 자로 살아가라는 의미였습니다. 야곱에게 옷은 늘 의미 있는 상징이었습니다. 사랑하는 아들 요셉에게 '채색옷'을 지어 입힌 것 역시, 그를 존귀하고 특별하게 여긴다는 뜻을 담고 있었습니다. 이제 야곱 자신이 새로운 옷을 입고 하나님과의 만남을 준비해야 하는 것입니다.

이 사건은 야곱 가문의 '종교개혁'이라고 할 수 있습니다. 야곱은 단순히 우상만 제거한 것이 아니라, 우상이 될 만한 모든 것들을 뿌리째 뽑아냈습니다. 몸과 마음을 정결하게 씻고, 하나님의 백성으로서 새 옷을 입었습니다. 이것은 더 이상 '야곱'으로 살지 않고, 하나님이 주신 새 이름인 '이스라엘'의 삶을 살겠다는 결단이었습니다. 그렇게 야곱은 온전히 하나님을 만날 준비를 마쳤습니다.

그 장소

야곱 일행은 마침내 벧엘에 도착했습니다. 그곳에서 야곱은 제단을 쌓고 그 장소를 '엘벧엘'이라고 불렀습니다. 과거에 처음 하나님을 만났을 때는 '벧엘', 즉 '여기 하나님이 계신다', '여기가 하나님의 집이다'고 했었습니다. 이번에 다시 하나님 앞에 제단을 쌓으면서는 '엘벧엘', 즉 '벧엘의 하나님'이라고 하며 그곳에서 자신을 만나주셨던 하나님의 이름을 불렀던 것입니다.

성경은 이 대목에서 "그 장소(마콤, מָקוֹם)"라는 한 단어에 주목하고 있습니다. 야곱이 바로 그 장소를 엘벧엘이라 불렀다고 말하며, 이 장소가 야곱에게 얼마나 특별한 의미를 가졌는지 강조합니다. 이 장소는 야곱에게 잊지 못할 장소입니다. 과거 형 에서를 피해 도망치다 잠이 들었던 바로 그곳에서, 그는 꿈속에서 하나님을 만났습니다. 그때 야곱은 잠에서 깨어나 외쳤습니다. "야곱이 잠이 깨어 이르되 여호와께서 과연 여기(마콤(מָקוֹם)) 계시거늘 내가 알지 못하였도다 이에 두려워하여 이르되 두렵도다 이 곳이여(마콤(מָקוֹם)) 이것은 다름 아닌 하나님의 집이요 이는 하늘의 문이로다 하고"(창 28:16~17).

이곳은 야곱이 처음 하나님을 만났던 영적인 고향과도 같은 곳이었습니다. 바로 이곳에서 야곱은 처음으로 하나님의 임재를 인식했고, 경외심을 느꼈던 영적인 추억이 있는 곳입니다. 아마도 라반에게 속을 때마다 이 벧엘의 하나님을 기억하며 버텨냈을 것입니다. 삶이 고단하고 마음이 무너질 때마다, 다시 하나님을 생각하게 하고 영적으로 다시 일어서게 해준 마음의 고향인 셈입니다. 야곱이 하나님을 만났고, 홀로 하나님과 대면했으며, 하나님의 임재를 느꼈던 그곳을 성경은 "바로 그 장소(함마콤, הַמָּקוֹם)"라고 부르고 있다는 것입니다.

성경에서 "바로 그 장소(함마콤, הַמָּקוֹם)"의 의미는 특별합니다. 단순히 지리적인 위치를 가리키는 것을 넘어서, 하나님의 장소, 하나님의 공간, 혹은 그 장소의 하나님이라는 뜻으로 사용되기도 합니다. 이 때문에 유대인들은 에덴동산을 '함마콤'으로 부르기도 하고, 안식일을 '함마콤'을 기억하는 날로 여기기도 합니다.

창세기에서도 "바로 그 장소(함마콤, הַמָּקוֹם)"가 강조되고 있는데, 아브라함이 가나안 땅에 처음 제단을 쌓은 장소, 아브라함이 애굽에서 돌아

와 찾아간 장소를 '마콤'이라고 강조하고 있습니다. 또한 아브라함이 이
삭을 번제로 드리기 위해 하나님이 지시하신 "바로 그 장소(함마콤)"로 갔
다고 기록하고 있습니다.

여러분에게도 "바로 그 장소(함마콤, הַמָּקוֹם)"가 있습니까? 여러분에게
는 그 장소가 어디입니까? 영적인 추억이 있는 장소, 하나님을 처음 만
났던 장소, 하나님의 임재를 경험했던 장소, 하나님 앞에서 홀로 하나님
을 만나며 경외심을 느꼈던 장소가 어디입니까? 인생의 바닥을 칠 때나
영적으로 무너져 내릴 때, 우리에게 다시 하나님을 기억나게 하고, 위로
와 소망, 용기를 주는 마음의 고향 같은 곳. 그곳은 교회당일 수도 있고,
작은 골방일 수도 있습니다. 때로는 한 권의 성경책이나 한 곡의 찬양이
'함마콤'이 될 수 있을 것입니다. 오늘 다시 "바로 그 장소(함마콤, הַמָּקוֹם)"
으로 돌아가 하나님께 나아가기를 바랍니다.

하나님은 바로 이곳에서 야곱의 이름을 완전히 바꿔주십니다. "하나
님이 그에게 이르시되 네 이름이 야곱이지만은 네 이름을 다시는 야곱이
라 부르지 않겠고, 이스라엘이 네 이름이 되리라 하시고 그가 그의 이름
을 이스라엘이라 부르시고"(창 35:10). 얍복강에서 이미 하나님이 야곱의
이름을 이스라엘로 바꿔주신 적이 있습니다. 야곱은 새 이름을 받았음에
도 여전히 야곱처럼 살고 있었습니다. 하나님은 이제 그에게 "너는 이제
더 이상 야곱이 되지 말아라. 야곱으로 살지 말고, 야곱의 삶을 완전히
청산하라"고 명령하십니다. 이것은 단순히 이름만 바꾸는 것이 아니라,

야곱의 삶 전체를 바꾸라는 말씀입니다. 즉, '야곱스러움'을 땅에 묻고, 몸을 깨끗이 씻어 '야곱의 때'를 벗어내며, '야곱의 옷'을 벗고 '이스라엘의 옷'을 입으라는 것입니다. 다시는 속이는 자, 움켜쥐는 자였던 야곱의 모습으로 돌아가지 말라는 단호한 명령이었습니다.

그리고 나서 하나님은 다시 한번 그에게 약속을 확증해 주십니다. "하나님이 그에게 이르시되 나는 전능한 하나님이라 생육하고 번성하라 한 백성과 백성들의 총회가 네게서 나오고, 왕들이 내 허리에서 나오리라"(창 35:11). 하늘의 별처럼 많은 자손을 주시겠다는 '씨의 약속'입니다. 이어서 하나님은 '땅의 약속'을 말씀하십니다. "내가 아브라함과 이삭에게 준 땅을 네게 주고, 내가 네 후손에게도 그 땅을 주리라"(창 35:12).

하나님이 아브라함에게 주셨던 두 가지 약속이 바로 이것입니다. 하늘의 별처럼 수많은 자손을 주시겠다는 '씨의 약속', 그리고 그 자손들이 살게 될 '가나안 땅의 약속'입니다. 이 약속은 아브라함에게서 이삭에게, 이삭에게서 야곱에게로 이어졌습니다. 함마콤의 하나님이 벧엘에서 야곱에게 직접 이 복을 다시 한번 확증해 주고 계신 것입니다.

남은 인생 이야기

드디어 야곱은 그의 고향인 헤브론으로 돌아갑니다. 그 여정 뒤에 몇 가지 중요한 사건이 이어지는데, 그 첫 번째는 세 사람의 죽음에 관한 이야기입니다.

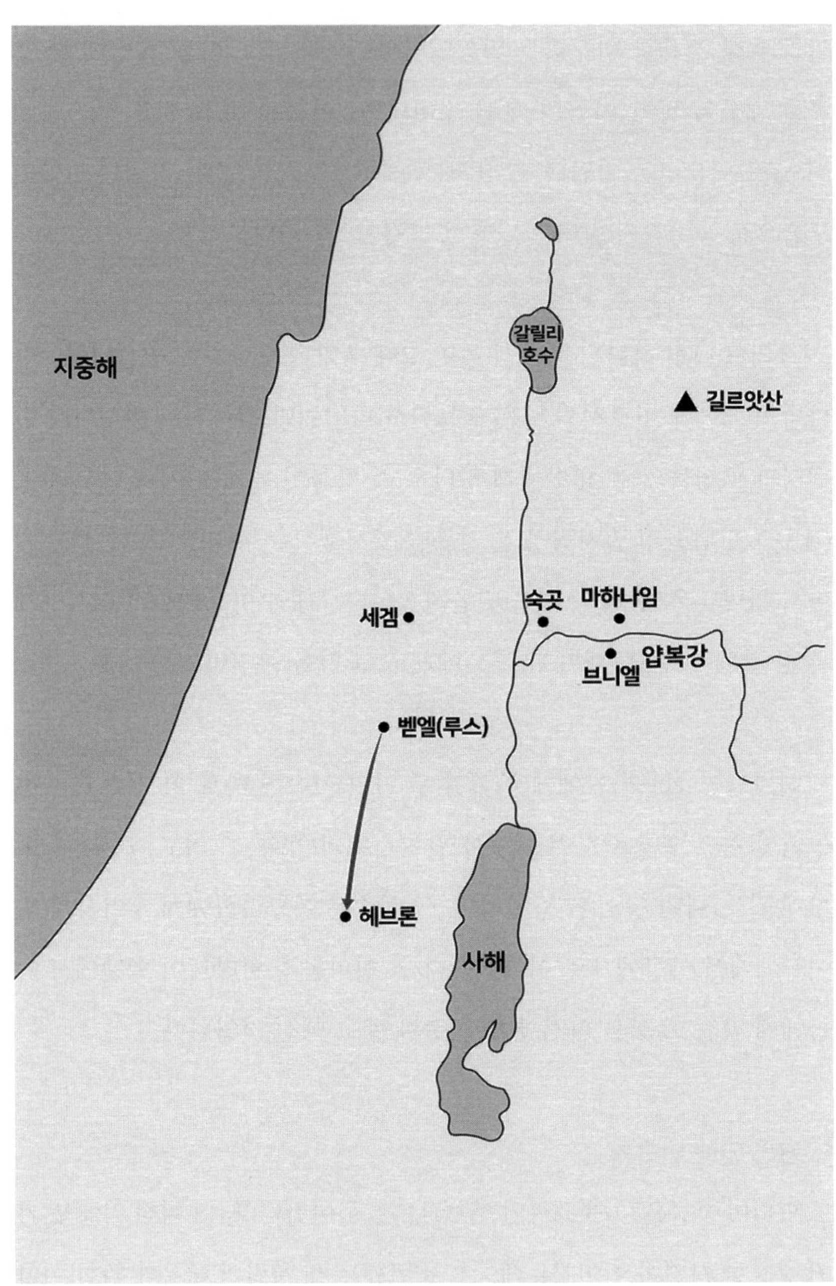

〈지도 11. 헤브론으로 돌아가다〉

가장 먼저 세상을 떠난 사람은 그의 어머니 리브가의 유모였던 드보라였습니다. 아마도 리브가가 죽은 뒤 드보라는 야곱에게로 와 함께 지냈을 것입니다. 드보라는 야곱에게 어머니 리브가의 어린 시절 이야기부터, 고향을 떠나 약속의 땅으로 온, 여자 아브라함과 같은 담대한 믿음, 흉년 중에도 100배의 결실을 거두었던 이야기, 우물 분쟁 때마다 양보하며 지혜롭게 위기를 극복했던 일들까지, 어머니가 해주었어야 할 소중한 이야기들을 들려주었을 것입니다. 다시는 만날 수 없었던 어머니를 대신하여, 드보라는 야곱에게 큰 위로와 안식처가 되어주었을 것입니다. 그녀는 야곱에게 단순한 유모를 넘어, 어머니이자 할머니와 같은 존재였습니다. 그런 드보라가 죽자, 야곱은 깊은 슬픔에 잠겼습니다. 야곱은 드보라를 벧엘의 상수리나무 아래에 장사하고, 그 나무의 이름을 '알론바굿' 즉 눈물의 나무, 슬픔의 나무, 통곡의 나무라고 불렀습니다. 이는 그의 슬픔이 얼마나 컸는지를 보여줍니다.

그런데 야곱에게 더 큰 슬픔이 닥칩니다. 바로 평생 사랑했던 아내 라헬의 죽음이었습니다. 고향 헤브론으로 가는 길에 라헬은 둘째 아들 베냐민을 낳다가 그만 난산으로 세상을 떠나게 됩니다. 아기를 낳는 힘든 순간, 산파가 "두려워하지 말라. 또 아들이다!"라고 외칩니다. 이것은 사실 라헬이 그토록 바라던 기도 제목의 응답이었습니다. 앞서 낳은 아들 요셉의 이름이 '하나 더'라는 의미였던 것처럼, 그녀는 "하나님, 아들을 하나 더 주십시오"라고 기도했기 때문입니다. 죽어가던 라헬에게는 아들을 낳았다는 이 사실이 아마도 가장 큰 위로였을 것입니다.

라헬은 죽어가면서 이 아들을 '벤-오니(בֶּן־אוֹנִי)', 즉 '슬픔의 아들'이라고 불렀습니다. 하지만 야곱은 즉시 그 이름을 '벤-야민(בִּנְיָמִין)', 즉 '오른손의 아들', '힘의 아들', '행운의 아들'이라는 뜻으로 바꾸어 줍니다. 야곱의 다른 아들들의 이름은 모두 어머니들이 지었지만, 베냐민만은 아버지가 직접 이름을 지어준 유일한 아들이었습니다. 야곱은 평생을 사랑했던 아내, 7년의 세월을 하루같이 여겼던 라헬을 길가에 묻어야 했습니다. 베냐민을 얻는 기쁨과 사랑하는 라헬을 잃는 슬픔을 동시에 겪은 것입니다. 라헬은 비록 약속의 땅의 경계에서 죽었지만, 결국 약속의 땅 안에서 마지막 안식을 찾게 되었습니다.

야곱이 거기에 돌기둥을 세웠습니다. 그는 평생 세 번에 걸쳐 돌기둥을 세웠습니다. 첫 번째는 형 에서를 피해 도망치다가 벧엘에서 하나님을 만났을 때였습니다. 야곱은 "이곳이 하나님의 집이며, 온 세상이 하나님의 집이다. 앞으로 가는 곳마다 하나님께 예배하겠다"고 다짐하며 돌기둥을 세웠습니다. 두 번째는 라반에게서 도망쳐 나올 때 길르앗 산에서 라반과 불가침 조약을 맺으며 세운 돌기둥입니다. "하나님이 아무리 큰 복과 힘을 주셔도, 내가 이 선을 넘어 보복하지 않겠습니다"라는 약속의 증표였습니다. 마지막으로, 이곳에서 사랑하는 아내 라헬을 떠나보내며 세 번째 돌기둥을 세웁니다. 이 돌기둥은 "하나님의 섭리를 겸허히 받아들이겠습니다"라는 야곱의 깊은 깨달음을 의미합니다. 사랑하는 이를 잃는 슬픔 속에서도, 하나님의 뜻을 인정하겠다는 그의 믿음이 담겨 있습니다.

마침내 고향으로 돌아온 야곱은 아버지 이삭과 12년을 함께 보냈습니다. 아마도 이 시간은 과거와는 완전히 달랐을 것입니다. 그동안 아버지와 쌓였던 응어리를 풀고, 서로 용서하며 사랑하고 섬기는 소중한 시간이었을 것입니다. 이삭은 180세에 세상을 떠났고, 화해한 형 에서와 야곱이 함께 아버지를 장례 지내며 모든 일을 잘 마무리했습니다. 그렇게 야곱이 사랑했던 사람들, 유모 드보라와 아내 라헬, 그리고 아버지 이삭까지 차례로 그의 곁을 떠났습니다.

사랑하는 이들을 떠나보낸 슬픔이 채 가시기도 전에, 야곱의 가족에게 비극적인 사건이 하나 더 일어납니다. 야곱의 맏아들 르우벤이 아버지의 첩이자 라헬의 여종이었던 빌하와 동침한 것입니다. 성경은 이 사건을 "이스라엘이 그 땅에 거주할 때에 르우벤이 가서 그 아버지의 첩 빌하와 동침하매 이스라엘이 이를 들었더라"(창 35:22)고 기록하고 있습니다. 이 일은 단순한 성적 욕망 때문이 아니라, 복잡한 가족 관계 속에서 벌어진 일로 보입니다. 야곱은 평생 라헬만을 사랑했고, 라헬이 죽자 그 자리가 비게 되었습니다. 르우벤은 라헬의 여종인 빌하가 그 빈자리를 차지하지 못하게 하고, 자신의 어머니인 레아가 그 자리에 설 수 있도록 이런 일을 벌였을 가능성이 큽니다.

르우벤의 행동은 가장의 지위를 차지하기 위한 시도로 해석되기도 합니다. 성경에서 종종 아들이 아버지의 후궁을 취하는 행위는 아버지의 권위를 자신이 이어받았음을 선언하는 상징적인 행동입니다. 다윗의 아들 압살롬이 반란을 일으켰을 때 아버지의 후궁들을 취한 것 역시 같은 맥락으로 볼 수 있습니다. 르우벤 역시 이 행위를 통해 자신이 야곱의 뒤를 이어 가장이 될 자격이 있음을 주장하려 했을 수 있습니다. 놀라운 점은 이 사건에 대한 야곱의 다른 아들들의 침묵입니다. 그들은 누이 디나의 일에는 격분하여 세겜 사람들을 학살할 만큼 격렬하게 반응했지만, 이번 르우벤의 행동에 대해서는 아무도 나서서 말하지 않았습니다. 그들이 모두 이 일에 공모하거나 동조했기 때문일까요? 혹은 아버지 야곱에 대한 깊은 실망과 미움이 이미 너무 커져 버린 것은 아닐까요?

르우벤이 어떤 의도에서 그런 행동을 했든, 그는 하나님이 금하신 죄를 범한 것입니다. 성경은 "네 아버지의 하체를 범하지 말라"고 강력하게 경고하며, 아버지의 아내를 범하는 것은 사형에 해당하는 죄라고 분명히 규정하고 있습니다(레 20:11). 아무리 그럴듯한 이유가 있다고 해도, 죄가 정당화될 수는 없습니다. 어떤 명분으로도 죄를 합리화하려는 유혹을 버리고, 죄를 경계해야 합니다. 르우벤은 이 일로 장자권을 박탈당합니다. 야곱이 죽을 때 이 일을 지적하며 저주합니다. "르우벤아 너는 내 장자요 내 능력이요 내 기력의 시작이라 위풍이 월등하고 권능이 탁월하다마는 물의 끓음 같았은즉 너는 탁월하지 못하리니 네가 아버지의 침상에 올라 더럽혔음이로다 그가 내 침상에 올랐었도다"(창49:3~4)

야곱의 삶은 얻음과 잃음, 찾아옴과 떠나감, 속임수와 배신, 성공과 실패 등 수많은 희로애락이 뒤섞인 인생이었습니다. 이 모든 경험들이 합쳐져 야곱이라는 한 사람을 만들어 냈습니다. 야곱이 벧엘로 돌아온 후에도 그의 삶은 슬픔 없이 행복만 가득한 동화처럼 끝나지 않습니다. 그이후에도 사랑하는 사람들을 잃는 슬픔과 분노, 배신과 같은 아픔을 겪습니다.

성도의 삶 역시 마찬가지입니다. 우리 인생에는 기쁨과 슬픔, 즐거움과 고통이 공존합니다. 중요한 것은 바로 그 순간마다 벧엘의 하나님께로 돌아가는 것입니다. 그분에게서 위로와 힘을 얻고, 다시 사랑할 용기를 얻으며, 하나님께서 우리에게 맡기신 인생을 살아내는 것. 바로 이것이 성도가 걸어야 할 길입니다.

야곱의 인생 지도를 보면 브엘세바에서 출발해서 벧엘, 하란, 세겜을 거쳐 다시 고향 헤브론으로 돌아오는 긴 여정이었습니다. 거대한 원을 그리고 다시 원점으로 돌아온 것입니다. 야곱이 고백했듯이 '험악한 세월'을 보냈지만, 그 세월 속에 "바로 그 장소; 함마콤(הַמָּקוֹם)의 하나님"이 지켜주시고 인도해 주셨습니다.

사랑하는 성도 여러분!
우리의 인생도 하나님께로부터 나와서 다시 하나님께로 돌아가는 여정 아닐까요? 야곱은 우리에게 인생이란 험악한 세월 속에서 다양한 사람들을 만나고, 또 이런 저런 일들을 겪으면서 하나님께로 돌아가는 것이라고 가르쳐 주고 있습니다. 얻기도 하고 잃기도 하며, 찾아오기도 하

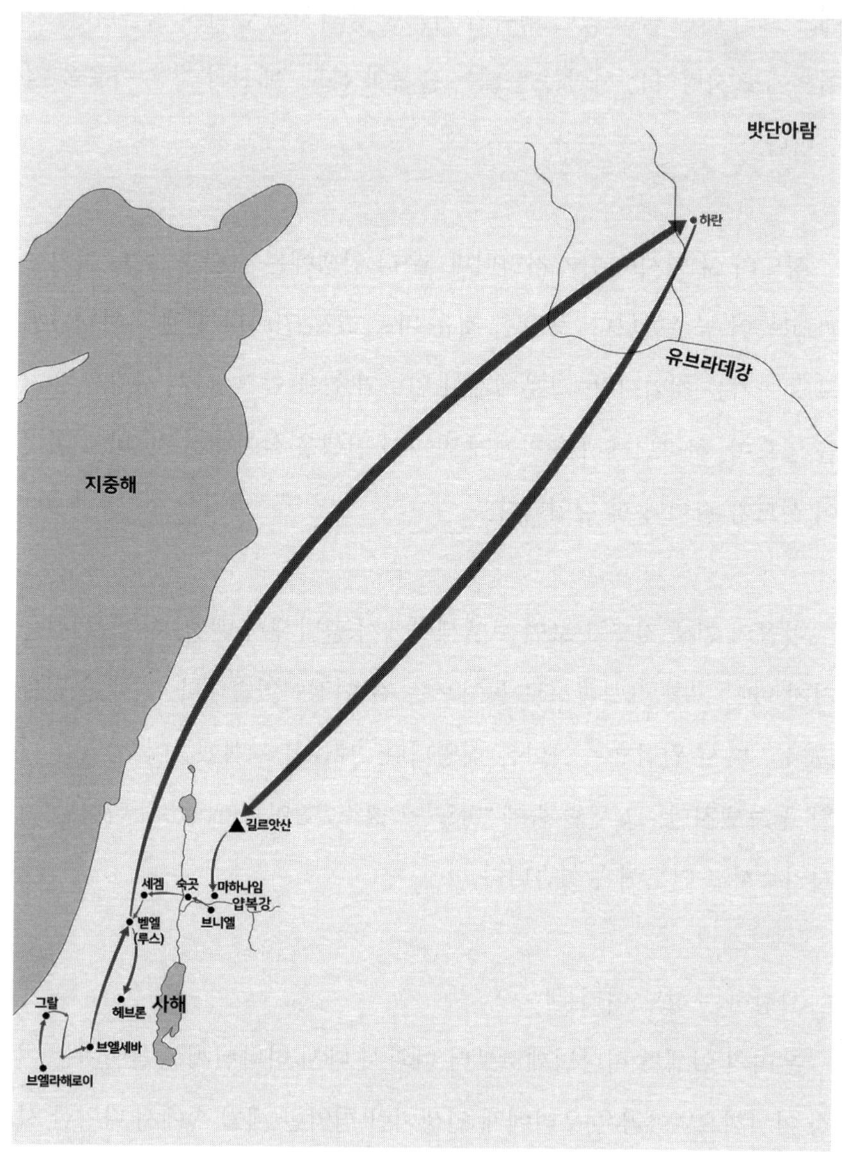

〈지도 12. 야곱의 인생 여정〉

고 떠나가기도 하며, 이루기도 하고 이루지 못하기도 하는 것이 유한한 우리네 인생입니다.

그 모든 순간순간마다 하나님께 감사하고 또 위로와 힘을 얻으며, 다시 사랑할 용기를 얻으며, 하나님이 맡기신 나의 인생을 살아내는 것, 나의 인생길을 완주하는 것, 그것이 하나님 백성의 바른 자세요, 신앙입니다. 하나님의 은혜와 보호가 여러분의 평생에 함께 하시기를 기원합니다.

참고도서

WBC 창세기, 고든 웬함, 솔로몬

NICOT 창세기, 빅터 해밀턴, 부흥과개혁사

NAC 창세기, 케네스 매튜스, 부흥과개혁사

엑스포지멘터리 창세기, 송병현, 국제제자훈련원

"서술"로서의 모세오경, 존.H.세일해머, 새순출판사

하나님 나라 신학으로 읽는 모세오경, 김회권, 복있는사람

복음이 빛나는 강해설교 창세기, 이성호, 솔로몬

구약의 족장들, 김희보, 총신대학교출판부